CB129040

Reinventando Você

CÓPIA NÃO AUTORIZADA É CRIME
ABDR
ASSOCIAÇÃO BRASILEIRA DE DIREITOS REPROGRÁFICOS
RESPEITE O DIREITO AUTORAL

Preencha a **ficha de cadastro** no final deste livro
e receba gratuitamente informações
sobre os lançamentos e as promoções da
Editora Campus/Elsevier.

Consulte também nosso catálogo
completo e últimos lançamentos em
www.campus.com.br

"Para essa arriscada e excitante viagem, recomendo que se tome como guia este novo e inspirador livro. Ele é repleto de idéias estimulantes e valorosas visões."

William Ury
Co-autor do best-seller internacional *Getting to yes*
e diretor do *Global Negotiation Project* da Harvard University

Reinventando Você

A dinâmica dos profissionais e a nova organização

Carlos Alberto Júlio

ELSEVIER

CAMPUS

© 2009, Elsevier Editora Ltda.

Todos os direitos reservados e protegidos pela Lei nº 9.610, de 19/02/1998.
Nenhuma parte deste livro, sem autorização prévia por escrito da editora, poderá ser reproduzida ou transmitida sejam quais forem os meios empregados: eletrônicos, mecânicos, fotográficos, gravação ou quaisquer outros.

Revisão: Mariflor Brenlla Rial Rocha e Jayme Teotônio Borges Luiz
Editoração Eletrônica: Estúdio Castellani

Elsevier Editora Ltda.
Rua Sete de Setembro, 111 – 16º andar
20050-006 – Centro – Rio de Janeiro-RJ – Brasil
Telefone: (21) 3970-9300 Fax: (21) 2507-1991
E-mail: info@elsevier.com.br
Escritório São Paulo
Rua Quintana, 753/8º andar
04569-011 – Brooklin – São Paulo – SP
Tel.: (11) 5105-8555

ISBN 978-85-352-2617-1

Nota: Muito zelo e técnica foram empregados na edição desta obra. No entanto, podem ocorrer erros de digitação, impressão ou dúvida conceitual. Em qualquer das hipóteses, solicitamos a comunicação à nossa Central de Atendimento, para que possamos esclarecer ou encaminhar a questão.

Nem a editora nem o autor assumem qualquer responsabilidade por eventuais danos ou perdas a pessoas ou bens, originados do uso desta publicação.

Central de atendimento
Tel.: 0800-265340
Rua Sete de Setembro, 111, 16º andar – Centro – Rio de Janeiro
e-mail: *info@elsevier.com.br*
site: *www.campus.com.br*

CIP-Brasil. Catalogação-na-fonte
Sindicato Nacional dos Editores de Livros, RJ

J89r Júlio, Carlos Alberto
Reinventando você : a dinâmica dos profissionais e a nova organização / Carlos Alberto Júlio. – Ed. compacta. – Rio de Janeiro : Elsevier, 2009.

ISBN 978-85-352-2617-1

1. Liderança. 2. Sucesso nos negócios. I. Título.

08-5050. CDD: 658.4092
CDU: 658:316.46

No ambiente atual, caracterizado por rápidas mudanças, não há competência mais importante para um executivo que sua capacidade de adaptação para reinventar-se.

Para essa arriscada e excitante viagem, recomendo convictamente que se tome como guia o novo e inspirador livro de Carlos Júlio. A obra é repleta de idéias estimulantes e valorosas visões.

WILLIAN URY
Co-autor do best-seller internacional *Getting to yes* e diretor do Global Negotiation Project da Harvard University

A

Lucinda Bezamat Martins que, em suas silenciosas promessas, sempre demonstra incondicional carinho a este imerecido genro.

Marisa, Thiago e Junior por serem a minha mais verdadeira e importante história.

Aos meus pais, Mercês do Céu Veiga e José Júlio, que já se foram, mas continuam a fazer parte de minhas mais profundas lembranças.

Marisa Regina Julio, minha torcida, apoio, certeza e fé na sua vitória.

AGRADECIMENTOS

COMO ESCREVO MAIS ADIANTE, este livro não é uma obra inspirada em si mesma. Não se trata do resultado de um anseio de escrever, ter algo publicado. É muito mais produto do desejo de alunos, parentes e amigos, que sempre me estimularam a colocar no papel minhas histórias, idéias e experiências.

Portanto, no momento em que concluo meu primeiro livro, a lista de agradecimentos só indica o quanto ele não é só meu.

Em primeiro lugar, quero agradecer à minha equipe direta. Sem eles não haveria livro ou, com toda a certeza, não teríamos a qualidade aqui alcançada.

Devo mencionar o brilhantismo intelectual do jornalista Walter Falceta Jr. e as revisões e dicas de minha assistente de pesquisa, a também jornalista Lílian Chein Feres. Quero manifestar gratidão especial à minha secretária Ana Rose Ferrarezi pela consolidação dos textos e pelo acompanhamento administrativos, tão necessários.

Obrigado à jornalista Ana Maria Badaró pela compactação dos textos nesta edição.

Entre os incentivadores, destaco ainda meu grande amigo José Salibi Neto e Paul Christoph, meu editor, a quem agradeço, sobretudo por sua paciência.

Meus agradecimentos à minha mulher e a meus filhos pelo apoio, e a Deus por me dar mais esse presente.

Finalmente, muito obrigado a você que comprou e está lendo este livro.

PREFÁCIO

O QUE SE PODE DIZER DE UM AUTOR CUJO nome completo só tem nomes próprios, ainda por cima três? O que dizer de um homem que na dedicatória agradece, entre as pessoas esperadas, primeiramente à própria sogra? O que dizer de um profissional que ao passar por uma agonizante tormenta, devido a uma súbita enfermidade, acha forças para se descobrir e se reinventar, com profunda humildade e com o firme propósito de viver a vida em toda sua plenitude? No mínimo, este indivíduo é um sujeito diferente, para não dizer diferenciado. Este é Carlos Alberto Júlio.

Conheci-o em abril de 1990, quando o entrevistei para um cargo executivo numa empresa cliente. Acompanhei sua rica carreira de sucessos por empresas nacionais e multinacionais, sempre em ascendência profissional. Cheguei a convidá-lo para ser meu colega de trabalho na Korn Ferry Internacional. Coerente com sua filosofia de vida, nunca deixou de ser professor para poder compartilhar seus conhecimentos e experiências com as pessoas. Considero Júlio um ser abençoado, capaz de aliar o trabalho à vocação e dirigir a HSM, empresa-líder na área de mega-eventos, educação gerencial, negócios e Internet.

Reinventando Você é mais do que um simples livro. Trata-se de uma deliciosa viagem em que Carlos (a pessoa), Alberto (o filósofo) e Júlio (o professor) nos levam ao mundo do conhecimento. Para isso, o trio se vale da autobiografia, de histórias e frases dos grandes filósofos, gurus e empreendedores. Mas sem abandonar suas próprias idéias e pensamentos. Após esta viagem – como aquela que os pais de Júlio empreenderam de Portugal para o Brasil, num navio apenas com a passagem de ida – o leitor também não voltará... a ser o mesmo. Mas não se trata de mais uma obra só para executivos: é leitura obrigatória para todos aqueles que almejam progredir na vida profissional e pessoal. É um livro para cabeças pensantes e não um livro de cabeceira. A obra é uma celebração à vida, à mudança, ao autoconhecimento.

Lembro de um ex-chefe, Dr. Licínio de Oliveira Machado. Ele costumava dizer que os verbos auxiliares "ser" e "ter" eram menos importantes que o verbo "fazer". No juízo final, você será lembrado não pelo que era ou teve, mas sim pelo que fez da sua vida. Nada acontece por acaso; tudo tem sua razão de ser. O fato de estar com este livro na mão é indicativo de que você deseja fazer algo de sua vida. Que tal reinventá-la? Boa sorte!

ROBERT WONG

SUMÁRIO

INTRODUÇÃO

NUMA TARDE MORNA, DE TRÂNSITO PESADO, em julho de 2000, visitei a redação da revista *Exame*, no imponente edifício da Editora Abril, na Marginal Pinheiros, em São Paulo. Enquanto conversava com o editor-chefe, Clayton Netz, mirava pela janela a imensidão da cidade: o rio de matizes refletidos como numa pintura impressionista, a serpente de automóveis e o horizonte distante, riscado de nuvens alaranjadas e serras de azul nebuloso. O cenário ilustrava meus sentimentos, fusão de ansiedades e incertezas, próprios de uma fase de transformação na vida pessoal. Além de Netz, outros jornalistas, Nelson Blecher e Cláudia Vassallo, ouviam atentos minha saga. Nos meses anteriores, eu encarara uma enfermidade, deixara um emprego, refletira sobre a existência e aceitara um novo desafio profissional.

Depois de encerrar meu ciclo na direção da Polaroid, preparava meu ingresso na HSM, uma empresa de múltiplas atividades, entre elas a educação corporativa. Conteilhes do hálito da morte que me alcançara no Réveillon anterior, do complexo processo de reinvenção e de minhas novas escolhas no mundo do trabalho. Declinara de várias ofertas tentadoras. Resistira para seguir um caminho muito singular, que pudesse contemplar antigas aspirações. A narração foi interrompida por um deles, que me apresentou um misto de proposta e desafio:

– Ponha isso no papel. Dá um artigo brilhante.

– Mas isso é muito pessoal, coisa íntima. Não sei se pode virar matéria para tua revista. Será que isso vai mesmo interessar ao teu público? – retruquei, numa dúvida sincera.

– Ao botar a cabeça no travesseiro, pense no assunto – aconselhou-me o jornalista.

– De acordo. A idéia é uma lisonja – respondi, sem convicção de atender à sugestão.

Uma semana depois, ligou-me o simpático Netz, reivindicando o artigo. Revelei-lhe minha insegurança, a suspeita de que a aventura não seria compatível com os padrões editoriais da publicação.

– Faça, mande para cá. Nós é que vamos avaliar o texto. Escreva do modo como nos contou – disse Netz, imperativo.

– Você me convenceu. Vou arriscar – respondi.

Já era agosto. Redigi rapidamente o tal depoimento e posei para umas fotos. Poucos dias depois, espantei-me ao topar com a matéria, bem editada, com destaque. Não me lembro de ter encontrado alterações em meu escrito. Só botaram o título: "A Segunda Chance".

Tudo muito fácil. Mas há antecedentes que julgo importante relatar. Em fevereiro daquele ano, submetia-me ainda a um tratamento. Mantinha-me recolhido para pensar no futuro, especialmente no que tocava à carreira. Nessa época, recebi um convite dos professores Fauze Najib Mattar e Dílson Gabriel dos Santos para ministrar a aula inaugural em um dos MBAs da Faculdade de Economia e Administração da Universidade de São Paulo, denominada "Emprego, Empregabilidade e Trabalho no Século XXI". Admito que considerei a proposta uma alegre ironia. Ora, eu, desempregado, me incumbia de discursar sobre emprego!

Entretanto, anuí de bom grado à nobre missão. O resultado foi alvissareiro. Tratei do conceito de emprego, desde os primórdios da atividade econômica, e investiguei profundamente os motivos que garantiam, nos novos tempos, a empregabilidade. Evidentemente, ao montar a aula, pude fundamentar meu próprio processo de reinvenção. Aprendi como me reformular para esse universo mutante que nos assombra. De fato, esses conhecimentos coligidos me facilitaram posteriormente na redação do texto para a revista.

O artigo da *Exame* teve enorme repercussão. Recebi mensagens elogiosas de ex-alunos, ex-funcionários e amigos. Por um e-mail, chegou-me o convite da TEC, um grupo de presidentes e dirigentes de empresas que se reúnem para discutir temas pertinentes a seus trabalhos e vidas pessoais. Pediram que narrasse meu caso e proferisse uma palestra sobre reinvenção profissional. Concordei. Logicamente, o tema daquela aula da USP foi reelaborado e inserido na exposição. Com prazer, pude discorrer sobre a reciclagem que se apresenta como urgência no desenvolvimento profissional de lideranças.

Nos dois anos anteriores, a *Gazeta Mercantil* classificara-me como um dos executivos mais cobiçados do

País. A *Veja* me apontara como um dos vinte melhores palestrantes brasileiros. Assim, sentia-me credenciado a oferecer subsídios ao processo de reinvenção de gestores. Acredito que minha exposição tenha sido satisfatória. Sem dúvida, inspirou muita gente a buscar alterações em seus procedimentos no grande circo do trabalho.

Desses exercícios todos, nasceu a palestra "Reinventando Você". Durante o ano de 2001, realizei 25 apresentações sobre o tema. Ao término de cada sessão, cobravam-me um livro, uma compilação de minhas histórias e experiências. Um dia, indaguei-me:

– Júlio, o que podes fazer para perenizar esses conhecimentos, sistematizá-los para quem deseja planejar uma carreira ou se reinventar?

Acabei por me render. Quero frisar que esta obra não surgiu propriamente da idéia de um livro. Trata-se do resultado de uma série de episódios e da combinação de antigos sonhos e anseios. Estas páginas originaram-se da experiência vivida, de um artigo, de uma aula e de muitas palestras. Na vida acadêmica, tenho conhecido muita gente seduzida pela possibilidade de colocar o próprio nome nas prateleiras de livrarias e bibliotecas. Sempre aplaudi iniciativas dessa natureza. Confesso, porém, que esse projeto nunca se constituiu em uma de minhas ambições. Se me decidi a compor estas páginas, cumpri a exigência de compartilhar conhecimentos e experiências.

Após algumas semanas, fui apresentado a Paul Christoph, editor da Campus. Empolguei-me já na primeira reunião. O livro teria enfoque no autodesenvolvimento, com texto abrangente, visão holística da realidade, exemplos práticos do meio corporativo e ilustrações. A obra tem esse espírito inquieto que caracteriza o conhecimento na era digital. Saltamos de Éfeso, na Grécia antiga, do sábio Heráclito, para a Nova Délhi do terceiro milênio, com suas desigualdades e seus competentes teleworkers.

Posso assegurar que a obra estimula qualquer profissional, não somente os executivos graduados, a traçar estratégias pessoais para uma carreira de sucesso. Não se trata de um manual nem de um guia. Contamos dos banquetes, sugerimos ingredientes e apresentamos esboços de receitas. O leitor é que se encarrega de preparar as iguarias. Nessa cozinha de idéias, você é meu convidado de honra, com direito a colocar a mão na massa. O livro utiliza minha experiência como referencial, mas não se constitui numa autobiografia. Conto de mim. Relembro, por exemplo, o que aprendi no boteco de meu pai. O objeto da obra, porém, não é Carlos Alberto Júlio, mas o que ele acredita ser a fórmula básica da reinvenção, acessível aos profissionais comprometidos com a mudança permanente e o aprendizado necessário.

O primeiro capítulo, o mais longo, trata da reciclagem a partir do exemplo de vida. Começa com o susto provocado pela doença e a reflexão por ele induzida. Conto um pouco de minha trajetória, de minha infância como filho de imigrantes, do ingresso precoce na engrenagem produtiva, de meu desenvolvimento e do inevitável processo de reinvenção. Mesmo um profissional com 29 anos de experiência precisa se reciclar. Mesmo um presidente de multinacional necessita trilhar novos caminhos se quiser manter a boa reputação nos círculos competitivos.

Os exemplos contidos no capítulo atestam que as demandas por aprendizado e renovação permanente se apresentam a humildes estagiários e também a consagrados executivos. Hoje, o mercado exige simultaneidade. Chamo de "fazejamento" esse *continuum* de procedimentos que misturam a estratégia e a execução. O novo profissional deve adequar-se a esse modelo de conduta transdisciplinar. É o que vai garantir sua empregabilidade.

O segundo capítulo analisa os ambientes nos quais se desenvolvem as carreiras. Discute também os novos mecanismos de concorrência que regem as atividades corporativas e a nova economia. A globalização é um fenômeno antigo, cuja aceleração se deu por conta dos avanços nas áreas de transportes e comunicações. Não me furto a dizer que esse processo de internacionalização, irrefreável e cercado de polêmica, tem pontos negativos, especialmente no tocante à questão social. Buscar uma correção de rumos é tarefa que deve ser assumida por todo administrador, por todo executivo. Para se inserir nesse novo contexto é preciso compreender o que é a chamada "nova economia", os mecanismos multirrelacionais entre países e empresas, bem como o que representa de fato o aumento da expectativa de vida das pessoas.

Quando falamos da "nova economia" é preciso compreender que capital não tem bandeira, que mercados não têm fronteiras e que a Internet não é meramente um meio de comunicação via computadores. Quão suíça é a Nestlé se 98% de todos seus ativos se encontram fora desse país? A informação na malha cibernética acelera todos os processos, o trânsito de conhecimentos, a disseminação das melhores práticas e o sepultamento de velhos métodos. Os corredores digitais nos permitem comunicação, troca e competição em escala global. A nova corrida se dá nessas raias. A contenda não é bélica, mas econômica. Vence quem é mais veloz para captar informações, interpretá-las e aplicá-las à dinamização da atividade empresarial.

Educados, os trabalhadores mais experientes serão lideranças capazes de gerar valor para a empresa, para o cliente, para os funcionários e também para a comunidade. O capítulo sobre Educação oferece algumas chaves para facilitar o ingresso nesse universo de aprendizado permanente. Se a globalização é o engenho, a educação é a ferramenta para operá-lo adequadamente.

O quarto capítulo mostra como é possível recriar o profissional de acordo com as metamorfoses no sistema produtivo. As empresas, como a natureza, são cíclicas. E esse padrão regula também as nossas carreiras. O saber permite que novas fases de desenvolvimento e superação sejam desenvolvidas a partir da oportunidade e da inspiração.

O capítulo sustenta que gerir a mudança é condição para manter vivas as corporações e desenvolver as carreiras. Acredite: a sucessão de ciclos tende a ser cada vez mais rápida. Portanto, gerir deve se transformar no repertório de ações destinadas a recriar modelos de acordo com a alteração permanente de cenários e circunstâncias. Um debate sobre longevidade é fundamental para a criação de novas formas de trabalho e para a elaboração de novas políticas públicas, especialmente previdenciárias. Hoje, a expectativa de vida do homem brasileiro é de 68,6 anos. Como resultado das pesquisas do Projeto Genoma, especialmente no que toca à prevenção de doenças, podemos nos fiar na promessa de que, no futuro, alguns assoprarão 120 velinhas. Se isso realmente ocorrer, ninguém mais se aposentará com 55 anos. Como alguém suportaria mais de meio século de inatividade? Temos de nos preparar para novos ciclos produtivos. E somente poderemos nos reinventar se estivermos preparados para monitorar mercados e oportunidades.

No quinto capítulo, mostramos como se pode montar uma Estratégia de Carreira eficaz para esses tempos de imprevisibilidade e de metamorfoses cotidianas. Aproveitamos o método utilizado pelas empresas. A proposição de formulários permite que o leitor possa planejar seu próprio desenvolvimento profissional. Esse é um dos eixos do livro. Oferecemos propostas de montagem de estratégias de carreira que servem a executivos em processos de reciclagem mas também a estagiários e recém-formados.

Não poderíamos esquecer da internetização. Proponho que o indivíduo se torne protagonista da revolução cibernética, que aproveite as oportunidades e compreenda as intrincadas e fascinantes relações proporcionadas pela rede na esfera dos negócios. Apresentamos ainda uma análise do papel da mulher no mercado de trabalho. Cada vez mais, exige-se um perfil feminino de gestão, em que competência e devotamento se fundem com sensibilidade e espírito criativo. Um último capítulo mostra a empresa em processo de interação com a comunidade. Num tempo caracterizado pela falência de políticas públicas, as iniciativas individuais e empresariais tornaram-se fundamentais para eliminar as desigualdades e estabelecer formas revigoradas de promoção social. A experiência dos gestores privados tem sido de grande valia para as entidades não-governamentais, especialmente na captação de recursos. Além disso, mostramos que se abrem no Terceiro Setor novas oportunidades de trabalho remunerado.

Portanto, convido você, leitor, a embarcar numa viagem pelo universo da mudança. Pegamos a nossa navezinha, o livro, e vamos nos aventurar na zona ainda pouco explorada das rápidas transformações. Conosco, teremos filósofos, físicos, administradores, artistas e outros sábios que nos auxiliarão a compreender o processo de mudança e a formular estratégias de desenvolvimento pessoal e profissional. Por isso, relembro a frase célebre de Ben Sweetland, autor do best-seller *Grow Rich While You Sleep*: "O sucesso é a jornada e não o destino." Espero que você perceba a natureza do grande desafio. O êxito não consiste nos lucros e benefícios com os quais seremos futuramente premiados. Somos vencedores ao vivenciar sem receios e com inteligência a travessia. Vitorioso é quem se molda no trajeto. Quem se satisfaz na contenda do hoje e na reconstrução de si próprio, qualifica-se para a aventura do amanhã.

REINVENTANDO VOCÊ

CAPÍTULO 1

A VIDA REVISITADA E REINVENTADA

HOUVE UM DIA EM QUE, de fato, revi minha vida inteira. Pode parecer mote fácil de cinema. No entanto, posso afirmar que ali, na cama de casa, revisitei-me. Como no conto "O Outro", do argentino Jorge Luis Borges, encontrei-me com outros Júlios: o menino, o adolescente, o jovem profissional, o executivo esforçado. Posso dizer que nada assusta mais um homem do que reencontrar suas versões anteriores. A sensação de estranhamento arrebata e imobiliza. E, naquele período de descanso forçado, senti um calafrio. Afinal, o Júlio do futuro poderia simplesmente não existir.

Vamos tomar um atalho no tempo e assistir a um pequeno calvário iniciado poucas semanas antes. Era início de dezembro de 1999 e viajei a Boston (EUA) para tratar de uma mudança importante em minha trajetória profissional. Ali, na mais culta cidade norte-americana, num gelo invernal, comecei formalmente a negociar meu desligamento da subsidiária brasileira de uma multinacional. Passei um dia e uma noite com febre prostrado no quarto do hotel. Dessa forma, cancelei minha escala em Nova

York e decidi retornar ao Brasil. O médico diagnosticou uma gripe e me tranqüilizei.

Tratei de retomar meus planos. Seduzia-me a aventura de "reinventar-me", de buscar novos desafios, de ganhar mais dinheiro, de ser mais feliz. Em pouco mais de duas semanas, deixei a direção da empresa, a Polaroid, e passei o bastão ao gerente-geral da Divisão América Latina. Ao oficializar minha demissão, senti-me o Rei do Universo, como Leonardo DiCaprio, em *Titanic*, na proa do navio. Pela primeira vez, depois de 29 anos de trabalho, ganhava tempo para projetar meu futuro. Nesse período, sempre saíra de uma empresa para começar imediatamente em outra, sem férias ou intervalos. Como recebera muitos convites, vi-me à vontade para analisá-los com calma. Enfim, invadia-me uma sensação de segurança.

No entanto, percebi que não trazia no corpo a saúde experimentada no espírito. Uma tosse irritante e febre – aquela de Boston – persistia. Retornei ao médico, meu primo, Julio Correia Alves, que me recomendou uma pequena bateria de exames. Em seguida, ao examinar uma radiografia, emitiu seu parecer: "Vê essas manchas no teu pulmão? Pode ser uma inflamação, mas pode ser também um linfoma." Num instante, o profissional seguro, acostumado a liderar grandes equipes, teve seus alicerces profundamente abalados. Talvez em razão desse choque, fui acometido de algo inédito para mim: uma forte crise renal. Só quem passou por uma crise dessas sabe o quanto é terrível.

Por mais que tentasse ser otimista, a idéia do linfoma me atormentava. Não temia a morte, mas o fim da vida. E existe aí uma grande diferença. Queria ver meu filho mais velho formado, e o mais novo aprovado no vestibular. Sentia por Marisa, minha mulher, que teria eventualmente de seguir sozinha. Cobri-me de remorso por não ter apólices de seguro, aposentadoria e um sólido patrimônio. Assim, naquele dia de descanso forçado, desejei ardentemente uma prorrogação na partida, um tempo de bonificação, alguns anos mais para colocar a casa em ordem e reparar mais no mar, no sol e nas estrelas. Em 4 de janeiro de 2000, internei-me para a biopsia que responderia às minhas indagações.

Passei em revista minhas realizações e expectativas e a vida profissional era a espinha-mestra da minha "linha do tempo" de 41 anos. Discute-se muito a estratégia empresarial, mas será que os profissionais estão devidamente orientados para desenvolver suas próprias estratégias, para gerir suas próprias vidas?

O FUTURO É AGORA E NOS SURPREENDE

Em um mundo em permanente mutação, recorro a Heráclito de Éfeso, filósofo grego que viveu no século V a.C. Segundo ele, as contradições são responsáveis pelo equilíbrio num cosmo em permanente transformação e movimento. Assim, a sabedoria consiste em identificar como as coisas são regidas por todas as coisas, de acordo com um princípio de unificação. No campo das idéias, parece que pisamos sobre geléia. Então o futuro não é mais como era antigamente, como cantou Renato Russo? O que fazer num mundo em que regras e critérios se modificam a cada dia?

Sem dúvida, o primeiro passo para compreender o hoje, é aceitar sua transitoriedade. Esse mesmo Heráclito, que certamente jamais previu o alcance de suas idéias, dizia que "nunca se entra no mesmo rio duas vezes". Assim, estipulou que a mudança é inerente ao universo e que cada acontecimento, no tempo, é único. Valia para ele, portanto, a observação do ciclo de vida de uma árvore ou de um pássaro.

Há pouco mais de 40 anos, as missas católicas eram rezadas em latim, com os sacerdotes de costas para os fiéis. Na década de 1980, quem poderia imaginar que os chineses pudessem rapidamente se integrar à economia de mercado, num híbrido sistema de comunismo capitalista? A velocidade da mudança é cada vez maior, especialmente com a criação de um universo paralelo, o ciberespaço.

O mundo do trabalho gira também nesse tufão de novidades e rearranjos e para não definhar e morrer as empresas são desafiadas a reconhecer as exigências do tempo novo. Houve um tempo em que as máquinas eram trocadas por outras mais eficientes, enquanto as condutas profissionais permaneciam inalteradas por longo tempo. Logicamente, a atualização tecnológica ainda é um imperativo para o sucesso da empresa.

Prossigo nessa reflexão porque os ensinamentos de Sócrates certamente foram fundamentais para o desenvolvimento da cultura ocidental. O filósofo costumava crivar seus interlocutores de perguntas. Algumas vezes, conseguiu inspirar verdadeiramente seus inquiridos, recebendo desses a eterna gratidão. Em muitas ocasiões, entretanto, demonstrou apenas que as pessoas eram absolutamente ignorantes acerca de si mesmas e dos assuntos que afirmavam dominar perfeitamente. Assim, ganhou inimigos e a fama de chato. Sócrates não fazia propaganda de sua sabedoria. Na verdade, declarou-se tão ignorante quanto os demais. E a conclusão é a seguinte: "Aquele homem acha que sabe, mas não sabe. Eu, porém, que não sei, creio também não saber. Pareço assim mais sábio que ele, porque não acho que sei o que não sei."

Viagem no tempo e realidades relativas e potenciais

Para não ficarmos só na teoria, saltemos no tempo, como Tony e Doug num dos 30 antológicos capítulos do seriado *Túnel do Tempo*. Hoje, há muitos que se atribuem notáveis conhecimentos exclusivamente por deterem indicadores. No mundo dos executivos certamente há aqueles que utilizam pesquisas e estatísticas como instrumentos de persuasão. A verdade é que, muitas vezes, a capa dos números esconde fragilidades e desconhecimentos. É necessário perceber que há realidades diferentes atrás de números aparentemente iguais. Essa modéstia diante do conhecimento que julgamos ter é a receita de Sócrates. Enfim, precisamos desconfiar de nós mesmos.

Por comodismo, nossa mentalidade ainda está calcada na física newtoniana, aquela certinha e facilmente compreensível. Custa acreditar que Einstein apresentou, em 1905, a Teoria da Relatividade Restrita. Está ali, demonstrado: tempo e espaço não são absolutos, mas relativos. E mais: energia e massa são duas formas diferentes de uma mesma medida, ainda que uma ínfima quantidade de massa seja equivalente a uma quantidade enorme de energia. Se pudesse viajar à velocidade da luz – o que parece impossível – um objeto teria nenhum comprimento, massa infinita e o tempo não existiria. Enfim, são idéias para se pensar na cama, no silêncio da noite.

Perceba que o simples fato de nos pesquisarmos interiormente interfere no resultado da análise. Modificamo-nos enquanto refletimos sobre o que somos, pois o ato de "examinar" altera o examinado. Funciona como no Princípio da Incerteza, proposto pelo físico alemão Werner Heisenberg. As mudanças provocadas pelo ato de medição impedem que se saiba tudo, com precisão absoluta, sobre uma partícula quântica. Não podemos conhecer, ao mesmo tempo, posição e velocidade. Quanto mais tentamos capturar um dos dados, menos temos chances de conhecer o outro. Na verdade, a mecânica quântica autoriza a existência simultânea de situações contraditórias, ainda que num tipo de penumbra ou realidade potencial.

Enfim, na física temos duas teorias sobre a natureza: a relatividade e a mecânica quântica. Para muitos, o desafio tem sido combiná-las e substituir a teoria de Newton. O problema é que cada uma se apóia numa diferente noção de tempo. Enfim, polêmicas científicas à parte, ao descobrirmos que todas as nossas certezas são meras especulações, recebemos uma lição de humildade diante da obra do Criador. Um dos maiores físicos dos tempos modernos, Richard Feynman, tem um belo depoimento sobre a visão quântica dos fenômenos. "Não se trata de uma teoria ser filosoficamente prazerosa e fácil de entender. Portanto, espero que você consiga aceitar a natureza como ela é: absurda", afirma. Então, esteja atento: o mundo não é exatamente como nos parece.

E assim voltamos aos indicadores e a Sócrates. Eu diria que nenhum indicador é absolutamente seguro em relação ao futuro. No máximo, ele pode retratar com fidelidade o passado. No que toca ao autoconhecimento, saber que não sabemos é o suficiente para colocar de lado toda a arrogância e vaidade. Há momentos na vida em que somos compelidos a parar diante do espelho e disparar as perguntas fatais: "Quem é você? O que realmente quer da vida? Afinal, o que é que você sabe?" Durante o período de enfermidade, tive a grande oportunidade de me apresentar essas questões. Inquiri-me sobre as relações com o trabalho, com a família e com meu corpo. Hoje, posso afirmar com segurança que muitos de nós protelam indefinidamente esse momento de balanço, de prestação de contas; há o receio de se descobrir que o caminho trilhado não é o correto ou o desejado, o temor de se identificar a própria fragilidade. É como o sujeito que suspeita sofrer de determinada doença mas, por medo do diagnóstico, se recusa a procurar um médico.

Naquele momento, resolvi escrever o texto que é a introdução deste livro. Acreditei que poderia contribuir para despertar uma reflexão sobre a vida e os novos hábitos.

Olhando para o espelho profundo

Sobre o autoconhecimento, vivi vários adiamentos. Havia sempre algo mais importante, um pretexto para fugir desse encontro. Reitero que ainda não sou um expert em mim mesmo. Entretanto, humildemente, digo que pude lançar o olhar analítico sobre o caminho percorrido, que identifiquei potencialidades e vulnerabilidades. Esse olhar no espelho, portanto, é uma necessidade periódica. Uma advertência. Esse "investigar-se" não pode se tornar uma obsessão, como no mito de Narciso, da mitologia grega, que se apaixona pela própria imagem refletida na água, e morre à beira de uma fonte, incapaz de distanciar-se do amado reflexo.

Portanto, disciplinei-me a buscar respostas nos fatos e não nas versões do subconsciente. Tomando a máxima do cineasta norte-americano Spike Lee, será que eu havia feito *the right thing*? Concluí que em termos éticos, sim... Mesmo assim, havia outras indagações. Tinha aproveitado devidamente todos os meus talentos e habilidades? Meu trabalho proporcionara minha satisfação pessoal?

Naqueles dias de incerteza, dividi com minha mulher algumas de minhas inquietações. Recordei o trecho simples de um poema de Vinicius de Moraes: "De repente do riso fez-se o pranto." E foi entre lágrimas que contei a ela minhas apreensões. Então, o destino me deu mais uma lição. Só após 20 anos de casamento, pude avaliar a força, a intensidade e o vigor de Marisa. "Não acredito no pior, porque não merecemos isso", disse ela. E, assim, reencontrei o ânimo para enfrentar as adversidades. Naquela época, outros eventos trouxeram esperanças e me ensinaram a ver o mundo de maneira diferente. A mãe de meu gerente de marketing decidiu viajar de Rio dos Cedros, no interior de Santa Catarina, até Aparecida, em São Paulo para rezar por mim. Essa demonstração de carinho me revelou a real importância do relacionamento entre parceiros de trabalho. Aquela senhora, que nunca vi, pediu intercessão divina a meu favor por um único motivo: acreditava que um dia eu tivesse ajudado seu filho.

Vale mais uma referência filosófica, Parmênides viveu na mesma época em que Heráclito, em Eléia, na Itália. Alguns estudiosos dizem que eram antagonistas, pois o primeiro afirmava que toda mudança é uma ilusão e o segundo via um cosmo de contradição e movimento. Uma análise mais acurada mostra que os dois tinham enormes afinidades, pois buscavam o verdadeiro ser e o todo. Mas o que o tal do Parmênides tem a ver com isso? Tudo.

Em um mundo de transitoriedades, há um momento em que questionamos nossa própria existência e nos perguntamos: "Será que tem lugar para mim?" Na verdade, essa indagação embute outra, ainda mais complexa: "Será que posso oferecer algo do que este mundo precisa?" Escolhi, então, para responder a essas inquietações, o caminho do ser e do pensamento. Identificar-se é seguramente o primeiro passo para a "reinvenção". Esquecem-se os sonhos e projetos de vida em nome da manutenção do emprego. Há uma interessante dialética nessa mudança de comportamentos. Se as companhias podem defenestrar sem piedade um funcionário "improdutivo" ou obsoleto em suas habilidades, também é verdade que os profissionais tendem a se tornar mais leais a seus projetos pessoais e carreira. Nesse casamento de interesse, nunca está descartado um divórcio.

Mudaram as regras do jogo, de todos os jogos. Criou-se urgência e velocidade; acirrou-se a competição. Algumas pessoas ainda se apegam a modelos antigos e ultrapassados de conduta profissional. Para elas, o mercado de trabalho se estreita perigosamente. Estão metidas em ciladas, como num quarto de paredes móveis, como aqueles que, vez ou outra, "ensanduichavam" o hilário Maxwell Smart, o velho Agente 86.

A conduta dos profissionais tem mudado segundo as contingências do mercado. Antigamente, quando havia grande oferta de postos de trabalho, mantinha-se o emprego pela obediência e pelo princípio da lealdade. Da década de 1970 em diante, isso perdeu importância. Tem emprego garantido os que renovam suas competências específicas, que providencia novas bases de conhecimento para o desenvolvimento da carreira. Não basta ser bom no que se faz. É importante mostrar que talentos e habilidades ainda serão úteis à empresa nos meses e, anos seguintes, em novas e diferentes conjunturas.

Ao montar minhas equipes, tenho apostado nos profissionais dispostos a aprender e a colocar em prática novos conhecimentos. O recrudescimento da competição exige profissionais que se requalifiquem rapidamente, com ou sem a tutela dos chefes. Dessa forma, a educação formal, escolar, é somente um *start* para o processo contínuo de atualização. Aqueles bem capacitados academicamente tendem a tirar melhor proveito do treinamento profissional.

A ERA DO "FAZEJAMENTO"

A mudança de um mercado de demandas para um mercado de ofertas acirrou disputas e alterou radicalmente o perfil dos cargos disponíveis. Para além das habilidades técnicas, específicas, exige-se do indivíduo a mesma competitividade que garante a sobrevivência da empresa. Hoje, o profissional da segmentação perde espaço para aquele da simultaneidade. As linhas divisórias entre o planejamento e a execução são cada vez mais tênues. Exige-se procedimentos que fundem a estratégia e a práxis. Chamaria isso de *fazejamento*. Existem hoje vários grupos acadêmicos que estudam o chamado "pensamento complexo". O termo "complexo" refere-se a "conjunto". Edgar Morin, sociólogo francês estudioso da cultura e da comunicação, aponta a crescente tendência de colaboração entre ciências na busca de soluções globais para os problemas. Certamente, a empresa da era digital só sobreviverá se tiver um comprometimento de todos os seus cérebros e espíritos, se tiver um projeto transdisciplinar, que reúna conhecimentos de todas as áreas e departamentos.

Minha vida profissional ofereceu exemplos de ser várias coisas ao mesmo tempo, de reinventar a cada momento minha conduta. Aos 21 anos, eu era um tanto franzino, cara de bebê Johnson, e trabalhava numa trading, a Davar. Naquele início de carreira, estava ansioso para enfrentar desafios, aprender, mostrar minhas capacidades. O grande sonho era fazer minha primeira viagem de negócios. Um dia, soube de uma feira de produtos brasileiros na Costa Rica. Era um mercado pequeno, mas abria portas de exportação para outros países centro-americanos. Os feras da empresa não se interessaram muito e fui designado para aquela missão, com o colega Alberto Raul Pugnalin.

Esforcei-me por promover os produtos brasileiros e divulgá-los entre os empresários locais. Vale aqui uma rápida regressão histórica. Ingressei na empresa em 1978, época em que predominava uma política de equivalências. O grupo que quisesse importar precisava exportar na mesma proporção. A Carteira de Comércio Exterior (Cacex) propunha o modelo de balanços internos equilibrados. Dessa forma, uma empresa que só importava precisava exportar produtos de terceiros caso pretendesse se habilitar para os negócios. Com isso, contatávamos empresas brasileiras que tivessem volume de produção, qualidade e preços competitivos para o mercado internacional. Produzíamos catálogos em outros idiomas, estudávamos a concorrência e identificávamos nossos possíveis clientes. Em seguida, os *traders* saíam a campo. Era um trabalho pioneiro, capaz de tornar a indústria brasileira conhecida e respeitada no exterior.

Mas voltemos ao evento na Costa Rica. Tínhamos muita disposição para o trabalho. Exercitei o quanto pude meu espanhol – não se iluda, o "portunhol" não resolve –, fiz amigos e expus as virtudes de nossos produtos. No último dia da feira percebi que restava em nosso estande uma série de peças de mostruário. Resolvi vendê-las ali mesmo. O sucesso foi absoluto. Não trouxe nenhuma delas de volta para o Brasil. Já na empresa dirigi-me aos chefes para entregar os cheques correspondentes àquelas transações do varejo. Lembro-me quando dois deles, Pedro Carbone e Aílton Souza Lucchi, pelos quais até hoje sinto uma silenciosa mas autêntica gratidão, se entreolharam e trocaram sorrisos de satisfação e surpresa. De repente, ouvi uma exclamação: "isso é que é um *trader*". Naquele momento, percebi que tinha nascido para fazer negócios.

Mais importante que isso foi descobrir o quanto é importante exceder, ousar e reconhecer as oportunidades na hora certa. Percebi também o quanto foi valioso aliar meu conhecimento específico – sobre os produtos promovidos – ao domínio de uma língua estrangeira.

NADANDO EM NÚMEROS, ESCALANDO GRÁFICOS

Creio, portanto, que essa nova habilitação profissional dependa, sim, da disposição para rever o mundo exterior, captar a natureza de suas transformações e compreender seus mecanismos cada vez mais complexos. Mas a reinvenção permanente funda-se também nesse olhar para dentro de si, nessa investigação atenta das próprias qualidades e fragilidades. A verdade é que não existe progresso individual ou corporativo sem aprendizagem. Mas não confunda aquisição de conhecimento com retenção de informações. Um computador pode reter gigabytes de informação, mas isso não o faz, formalmente, menos ignorante e idiota do que uma caixa de sapatos.

É importante notar que as empresas, como regra, detêm dados em abundância, que não se constituem, porém, em informações. Na verdade, informações são dados acrescidos de inteligência. Os dados só se transformam em informações quando inferimos algo sobre eles. Aí sim temos informações que poderão subsidiar julgamentos e decisões. Administrar bem um negócio ou mesmo a sua carreira depende da posse das informações adequadas quando oportunidades ou ameaças se apresentam. No tocante ao conhecimento, lidamos com a multiplicidade das informações cruzadas.

"Conhecer" envolve complexos eventos que misturam razão e emoção. Como evento puramente neurológico, reter uma informação é como levantar uma casa no castelo cerebral, somar mais um endereço em nosso computador pessoal. "Conhecer" é muito mais do que isso. Equivale a escolher um território para esta residência, torná-la organicamente parte de uma cidade. Significa integrá-la na malha viária, dotá-la de sistemas de abastecimento de água e energia, de galerias de escoamento de esgoto, criar compromissos de cidadania por parte de seus ocupantes.

No âmbito corporativo, existem hoje grandes bancos de dados, cadastros completos de funcionários, clientes e concorrentes. Guardadas num HD essas informações são inócuas, não servem para nada. Quando interpretadas e utilizadas como parâmetros para a definição de novas estratégias passam a ter valor inestimável. Ofereci um exemplo clássico, mas há outro ainda mais próximo de nossa realidade no mundo do trabalho. Recentemente, criou-se o conceito de "fadiga da informação", especialmente por causa da avalanche de notícias disponibilizadas a cada minuto pela Internet. Esse informar-se de maneira obsessiva tem vitimado muita gente, especialmente executivos e outros profissionais graduados, produzindo uma estranha dependência associada a uma paralisante paranóia. "Tenho que saber de tudo ou serei passado para trás", raciocina a mente do enfermo, acossada por delírios persecutórios. Muitas vezes, essa psicopatia moderna faz bons profissionais perderem tempo e se tornarem improdutivos do dia para a noite. Quero enfatizar que a informação é estrategicamente importante para as empresas, mas é necessário discernimento e bom senso para regrar os hábitos desse tipo de consumo.

A chave para o uso parcimonioso das redes de informação é desenvolver a capacidade de seleção, julgamento e interpretação. Aristóteles foi um dos precursores da ciência moderna, ao classificar sistematicamente a natureza, distinguir os argumentos em tipos – fundando a lógica – e definir as categorias do ser. Dessa forma, começou a botar ordem na casa do saber. Separando as informações, Aristóteles facilitou a compreensão do universo de diversidades que nos cerca. E o conhecimento é a principal ferramenta nos sistemas de filtragem de informações.

Você pode achar que há conversa mole nesse raciocínio, que Aristóteles nunca colocou em prática suas teorias. Não é bem assim. O filósofo dizia que o homem deve aperfeiçoar suas faculdades e transformar-se no que está destinado a ser: "torna-te o que tu és". Curiosamente, Aristóteles foi o educador de Alexandre, aquele que se tornaria "O Grande". O futuro estadista e general, dizem, era um dos piores alunos do sábio. Mesmo assim, certamente pôde selecionar conhecimentos que lhe foram fundamentais nas campanhas de expansão de seu império. De certa forma, Alexandre é o artífice de um dos primeiros processos de globalização na história da humanidade.

Portanto, saiba que é importante conhecer para poder selecionar, e que selecionar ajuda a aprofundar o conhecimento. Mas o processo não é assim tão simples. É necessário que se tenha ciência do que acontece no mundo, mas especialmente de como esses eventos distantes se refletem no mercado, na empresa, em nossa vida familiar. Depois, é necessário informatizar e reciclar domesticamente esses dados. O desafio consiste em transformá-los em uma planilha de cálculo, num manual para vendedores, numa lista de preços reformulada, num novo catálogo de ofertas. É preciso transformar as informações em instrumentos de trabalho.

DECIDIR COM SEGURANÇA, MESMO EM AMBIENTES MUTANTES

Esse processo deve capacitar os novos profissionais a formular conceito e, efetuar julgamentos corretos. E isso não se aplica somente aos executivos. Se desejo qualidade, necessito de uma visão crítica da realidade. Imagine uma empresa fabricante de calças. Em algumas ocasiões, é possível que alguém tenha de decidir se é mais lucrativo comprar de um fornecedor nacional ou de um concorrente asiático. Nacionalismos à parte, trata-se de uma dúvida freqüente no mundo globalizado. Em outras ocasiões, a decisão se dará internamente, em casa, na linha de produção. Alguém, um supervisor talvez, terá de decidir se um determinado rolo de tecido será ou não utilizado na confecção de peças. Esse funcionário, evidentemente, deverá ser "educado" para analisar a matéria-prima e escolher a alternativa correta. "Este lote é bom mesmo? Vai se transformar numa calça de qualidade? Será aprovada por nossos clientes?"

Alerto aqui para a necessidade de conhecimento tecnológico. Não basta o *know-how* dos processos atuais. Deve-se ter em mente o devir dos métodos e instrumentais de produção. As empresas não têm mais tempo para treinar seus funcionários porque as tecnologias são tão perecíveis quanto caquis. É necessário, portanto, ter um olho sempre no futuro, no que é novo e emergente. Há pouco tempo, essas transformações muito se restringiam aos produtos e serviços comercializados. Como tratamos de conhecimentos mistos, com múltiplas causas e efeitos, voltamos novamente a uma questão conceitual. O que é, na verdade, a percepção que temos do mundo?

Duas pessoas que testemunharam a mesma colisão de veículos têm versões diferentes para o acidente. A verdade é que a mente humana costuma preencher lacunas, os vazios de informação, com aquilo que lhe parece mais lógico. Nem sempre nos damos conta do que é real. O mesmo ocorre nas empresas, por exemplo, no âmbito da gestão, da formulação de estratégias ou mesmo na escolha de campanhas publicitárias. Muitas vezes, um clima de pessimismo, criado, por exemplo, por conta de fatores políticos, pode contagiar nossa percepção de mundo, inibir investimentos seguros, frear equivocadamente o desenvolvimento de um projeto. Do catastrofista ao ingênuo otimista há uma longa escala de tipos humanos que tendem a distorcer, para mais ou para menos, a realidade. Se o conhecimento depende da percepção, também é verdade que a percepção se torna mais clara e precisa na mente dos que conhecem, dos que exercitam com disciplina as habilidades cognitivas.

NO BOTECO: PERCEBENDO A MAGIA DE PERCEBER

Gostaria de oferecer um exemplo de como nossa percepção é ainda misteriosa. Edwin Land, que inventou a câmera instantânea Land e a Polaroid, realizou vários experimentos sobre a cor. Certa vez, com uma câmera de foco dividido, tirou duas fotos de uma bela garota. Em seguida, produziu duas chapas em preto-e-branco, idênticas, da mesma cena, usando filtros diferentes. Depois, projetou a primeira imagem com filtro vermelho e a outra com luz branca. Imaginou-se que tudo resultaria numa figura em rosa esmaecido. No entanto, para surpresa geral, a imagem da moça, com toda a riqueza de tons, apareceu na tela: os olhos azuis, os cabelos louros e o casaco vermelho. A experiência produziu mais dúvidas do que respostas. De onde vinham esses matizes, essas gradações sutis e tão naturais? A resposta é simples: no caso da cor, somos todos tomados por uma espécie de ilusão. O azul do céu, o laranja do sol e o verde do campo não estão realmente lá. São construções do cérebro humano.

Land produziu outros fascinantes exercícios, como os "Mondrians de Cor", constituídos de imagens misturadas de símbolos geométricos de papel colorido. E assim, verificou que não havia uma relação direta entre o comprimento de onda de luz e a tonalidade identificada pelo observador. O cientista mostrou que a cor não é um signo absoluto, mas depende do exame de todo o cenário circundante, de relações intrincadas, de comparações. Há, portanto, um elemento de subjetividade na interpretação do mundo real. Tudo depende de quem somos e de onde estamos.

Quando eu era criança, havia um bar no bairro do Sacomã, em São Paulo, nos lados do Ipiranga, pertinho de onde Dom Pedro I proclamou a Independência. Lembro-me do dedicado comerciante português, sempre atento aos costumes e gostos da clientela. Bastava um determinado sujeito saltar do ônibus, lá do outro lado da rua, e ele já botava sobre o balcão uma meia cerveja e um maço de cigarros Hollywood. Em sua psicologia empírica, sabia que aquilo satisfazia especificamente àquele cliente. Era uma estratégia de fidelização muito bem-sucedida. Esse diligente dono de boteco era meu pai, o senhor José Júlio, um homem de percepções desenvolvidas no cotidiano e que morreu sem conhecer o conceito de marketing.

Posso afirmar que esse aprendizado no modesto estabelecimento foi fundamental para meu desenvolvimento profissional. Essas percepções de percepções, adquiridas na infância, ainda me são valiosas e auxiliam a interpretar situações e a definir estratégias de ação. São um patrimônio que ninguém pode me tirar. Trata-se da capacidade de perceber aquilo que realmente importa, nas cores apropriadas, à luz das circunstâncias. Essa fonte para o conhecimento é tão ou mais importante que aquela derivada da análise de gráficos e tabelas. Vale ressaltar que a percepção não é ainda o conhecer, mas a leitura da realidade que o precede.

Essas considerações fazem lembrar o filme *O Predador*, com Arnold Schwarzenegger. O temível vilão extraterrestre, quase invisível, enxerga tudo em infravermelho, o que lhe permite, por exemplo, localizar suas presas humanas até mesmo no escuro. O herói só consegue vencê-lo ao identificar essas características perceptivas e, assim, armar sua estratégia de luta. Enfim, é importante compreender que para além da imprevisibilidade do novo mundo, há também insondáveis segredos que traduzem a realidade dentro de cada um de nós.

Enfim, acredito que a capacidade de perceber e de se adaptar tem íntima ligação com a sobrevivência. No mundo corporativo, por exemplo, é importante compreender que diminuem a cada dia os postos fixos de trabalho. Mesmo profissionais competentes já alternam períodos em empregos convencionais – com horários predeterminados, benefícios, registro em carteira – e outros como terceirizados ou subcontratados. A onda de fusões e a racionalização dos sistemas produtivos têm sido responsáveis por drásticos enxugamentos nos quadros de funcionários das empresas. Muitos, no entanto, continuam prestando serviços às mesmas corporações, como autônomos ou microempresários.

SOBREVIVENDO, APESAR DAS HOSTILIDADES

Para muitos, essa flexibilização pode ser entendida como precarização dos vínculos trabalhistas. Férias remuneradas, décimo terceiro salário e planos de saúde subsidiados se tornam vagas lembranças do passado. Há, no entanto, uma série de vantagens que podem ser desfrutadas pelos novos trabalhadores. Não é nada desagradável, por exemplo, acordar um pouco mais tarde. É uma alegria não precisar bater ou assinar o ponto. Se você não se convenceu, que tal nunca mais passar o dia sob as barbas do chefe ranzinza e controlador. Gostou? Os chamados *teleworkers* já gozam de uma série desses privilégios. Graças às redes interligadas de computadores, você pode trabalhar usando sunga e aquela camiseta desbotada do Flamengo, borrar-se de sorvete de chocolate e ouvir Sex Pistols ou Nirvana enquanto se dedica a montar um site, uma estratégia de marketing ou uma campanha de vendas.

Não posso, entretanto, deixar de utilizar aqui um conceito adaptado de Darwin. Os mais astutos, adaptáveis e "educados" sobreviverão com mais liberdade. Poderão ganhar mais dinheiro e viver mais felizes. Aqueles que não se prepararem, que não forem capazes de aprender, sofrerão severas perdas e perecerão. Volto a assinalar que a principal receita do sucesso nesse novo ambiente é o aprendizado constante, aplicado às tarefas produtivas. Pense que você freqüentará a "escola" até o fim da vida, mesmo que ela seja acessada pela Internet ou por outros sistemas cibernéticos.

Para que não se esqueça, iniciei este texto narrando as agruras daquele momento de ausência da saúde, de incertezas, de súbita paralisia. Naqueles dias de angústia, relembrei outras passagens cruciais de minha vida, em que minhas metas pareceram inalcançáveis. Não nasci em berço de ouro e não enrubesço de vergonha ao revelar minhas raízes e história. De certa forma, a ousadia e a versatilidade marcaram a trajetória de vida de minha família. Meu pai e minha mãe, Dona Mercês, foram, digamos, "exportados" de Portugal, um país à época mergulhado em dificuldades econômicas, tecnologicamente atrasado, com elevado déficit de empregos. Poderiam ter perecido, mas decidiram lutar, buscar uma via de adaptação e reinserir-se no mundo do trabalho.

O casal atravessou o oceano e veio ganhar a vida no Brasil. Para quem ouve narrativas deste tipo, há sempre a impressão de que essas epopéias se justificavam pelo sabor da aventura. Há uma idéia romantizada sobre a imigração, que confere ao ritual do desterro ares de animada festa folclórica. Uma coisa é deixar a Barra da Tijuca ou o Morumbi para se fazer um intercâmbio na Nova Zelândia ou na Inglaterra. Outra coisa é embarcar num navio apenas com a passagem de ida.

De certa forma, os fluxos migratórios representaram profundas mudanças no modo de pensar e de produzir no mundo ocidental. A novela *Terra Nostra*, da Rede Globo, não obstante a fantasia, pôde mostrar o tormento e a miséria dos primeiros italianos a chegar ao país. No Brasil, acabaram utilizados como substitutos da mão-de-obra escrava na lavoura, principalmente na cultura cafeeira. Sofreram abusos de toda ordem e compuseram, em determinado momento, fatias da população marginal, socialmente excluída, das grandes cidades, notadamente em São Paulo.

A verdade é que a inclusão social se deu com certa lentidão, somente a partir da admissão no mundo do trabalho qualificado.

Bifurcações do destino: a importância de seguir em frente

Quando estava para completar 14 anos, a situação não nos era nada confortável. Meu pai tinha uma pequena mercearia na Vila Guarani e empenhava seus modestos lucros no tratamento de Dona Mercês, acometida de uma grave cardiopatia. Nesse ambiente de dificuldades, apegava-me ao estudo como passaporte para outro patamar de sobrevivência. Completei o primário e o ginasial em escolas públicas, mas almejava cursar o colegial técnico, de preferência em eletrônica. Prestei vestibular e ingressei no Instituto Tecnológico de Osasco (ITO), uma escola de bom nível.

Num dos primeiros dias de curso, voltei para casa animado e apresentei a relação do material necessário às aulas de desenho técnico. Meu pai saiu do quarto vagarosamente e, com a listinha nas mãos, estancou no meio da escada. Com a voz já embargada, ponderou que se tratava de um curso pago, encarecido pelo preço das quatro conduções diárias e do material didático. "Não sei como bancar essa escola, filho", disse desolado, os olhos infinitamente tristes e marejados. Mirando mentalmente o futuro, vi apenas uma alta e intransponível muralha. Tratava-se de um desses momentos em que a meta parece inalcançável. Passei a noite em claro, em cogitações, em busca de uma solução.

Quando irromperam pela janela os primeiros raios de sol, botei uma roupa, tomei um gole de café e corri para a rua. Tomei um ônibus e saltei na Praça da Árvore. Dali, caminhei até o número 77 da Avenida Bosque da Saúde, na Zona Sul da capital paulista. Meu objetivo era conversar com o simpático senhor Riozo, dono da Foto Kodama. Sem constrangimento, mas também sem arrogância, apresentei ao japonês minhas credenciais. Estudava eletrônica, conhecia algo sobre a arte de fotografar e me comunicava com desembaraço. Ganhei, assim, meu primeiro emprego. Logo descobri que poderia instalar os equipamentos de som nos fins de semana. Completei minha renda com gorjetas oferecidas pelos clientes. Dessa forma, abri um rombo enorme na tal muralha. Pude prosseguir na escola e perseverar na busca de meus objetivos.

Não narrei essa história para me gabar, mas para oferecer estímulo a todos aqueles que se julgam incapazes de vencer os obstáculos. Naquela noite insone, pela via luminosa do pensamento, examinei meus talentos e habilidades. E apresentei-me a pergunta-chave: "a quem poderei ser útil?" Sem dúvida, foi um exercício de adaptação, em que minhas aptidões puderam ser aplicadas à manutenção de um sonho de vida.

Confesso que minha madrugada de suores e conjecturas bordou-se de angústias e até de medo. Hoje, no entanto, reconheço a importância por meio da filosofia profunda do alemão Martin Heidegger. Segundo ele, o temor leva o homem a confrontar-se com a certeza da morte, o nada e a possível falta de sentido do mundo. Entretanto, também é nesse momento que a consciência pode resgatá-lo de seu constrangimento no cotidiano, de seu conformismo com a inautenticidade. Então, apresentado ao fim e a sua "existência nula", o indivíduo resolve reagir, "ser" de fato, não de acordo com critérios estranhos e alheios, mas calcado em si mesmo, em seus próprios alicerces, em seus próprios princípios.

Nesta época de transições, muitos homens têm vivenciado essas situações. Não é por acaso que essa concepção filosófica tenha marcado o período entre as duas guerras mundiais. Esse processo de adaptação a novas realidades tem se repetido ciclicamente. A cada nova "globalização", o homem tem de sambar para se manter inteiro e vivo. Outros fenômenos de expansão comercial, como o comércio de especiarias e o mercantilismo, contribuíram para lapidar culturas e reinventar os indivíduos. Mas como posso me reconstruir e, ao mesmo tempo, manter a autenticidade?

UMA BIOGRAFIA REINVENTADA

Como o eixo deste capítulo são os fatos ligados à minha súbita enfermidade, posso dizer que até a globalização, motivo de tanta perplexidade e polêmica, me passou pela cabeça durante aquele período de aflição. Pensei que, enfim, graças ao intercâmbio cultural e científico entre hospitais e universidades, eu teria mais chances de receber um tratamento adequado e superar uma eventual grave doença. Enfim, nesse mundo dual, eu procurava equivalências que pudessem minimizar meu padecimento. Aquele Natal e o chamado Réveillon do Milênio foram marcados pela incerteza e pela revisão de conceitos e expectativas.

Enfim, no dia 5 de janeiro, enxerguei uma luz no fim do túnel. E, felizmente, não era o trem. O diagnóstico final me trouxe alívio. Eu sofria de uma sarcoidose, uma enfermidade auto-imune que poderia ser curada com corticóides. Chegava ao término um período de 20 dias que será lembrado pela ansiedade e pela angústia.

Desse episódio, recebi como legado uma revisita aos vários Júlios dentro de mim. Repetindo o personagem de Borges, citado no início deste capítulo, entrevistei-me com meus "outros" eus. Ao fim desse auto-exame, concluí não ter sofrido um castigo de Deus. Ao contrário, ele me dera um grande presente, instruindo-me a reconhecer a importância de viver cada dia como se fosse o primeiro, como se todas as cores e formas fossem absolutamente inéditas. Ao abraçar meus filhos, Thiago e Júnior, percebi que "é preciso amar as pessoas como se não houvesse amanhã", novamente citando o poeta do Legião Urbana, dessa vez na canção *Pais e Filhos*. A possibilidade de seguir meu caminho valorizou magicamente o contato com a família e os amigos. Passei a ter mais apreço pela saúde e, principalmente, descobri como é importante trabalhar com prazer. Reinventar-se deve consistir também na recuperação daquilo que tínhamos esquecido nas profundezas da alma.

Dessa forma, não tive pressa em decidir sobre meu novo destino profissional. Refleti muito sobre o que iria fazer e sobre meu processo de reinvenção. Terminei por optar pelo trabalho na área de educação. Nesse campo, encontro satisfação pessoal, posso ser útil à sociedade e assegurar conforto à minha família. Ensinar é uma forma de dividir, de exercer a cidadania e praticar a virtude religiosa.

Mas depois de tantas frases sérias, conselhos e admoestações, gostaria de convidá-lo, caro leitor, a compartilhar comigo da alegria de viver. Se você ainda não mudou, não perca tempo. Perceba que tomar chuva raramente resulta em resfriado. Normalmente, é divertido e inspirador. Perceba que brincar com bola vale o risco da contusão e o ridículo de se levar um drible da vaca. Perceba que vale a pena dormir meia hora a menos apenas para se poder contemplar o céu pleno de estrelas.

Posso dar mais um conselho? Se você não tiver, arrume um animal de estimação. A minha terapeuta antiestresse é a magnífica Jade, uma fiel cachorra labrador. Depois da redescoberta da vida, passei a perceber atentamente o aroma do café e o sabor do tutu de feijão. Passei a me deliciar com frutas da estação, com as quais abasteço diariamente o escritório. Apraz-me dialogar calmamente com meus colaboradores e alunos. E esse envolvimento ultrapassa as barreiras tradicionais. Por vezes, o chefe Júlio é eleito amigo e o Júlio professor se transforma em improvisado conselheiro.

Para além das regras e dos manuais de sobrevivência no novo mundo, aproveite a singularidade de cada minuto. Perceba que é finito o número de vezes em que o sol vai se pôr lindamente à sua frente. Portanto, aproveite. Afirmo que há uma chance de felicidade, apesar de golpes baixos da concorrência, encarecimento da matéria-prima, oscilações nos pregões da Bolsa, novos pedágios, mordidas do Leão, retraimento de mercados e toda a pressão por competitividade. Afortunadamente, temos liberdade de escolha e você poderá encontrar uma atividade que lhe dê prazer e, ao mesmo tempo, garanta seu sustento. O importante é reconhecer o território e as peças do jogo. Acredite que o mundo será sempre melhor. Depende especialmente do que "você" fizer por ele.

CAPÍTULO 2

GLOBALIZAÇÃO – NAS TRILHAS DE MARCO PÓLO

SEM QUERER, POR INFLUÊNCIA DO pai e do tio, que faziam negócios com Constantinopla e com a Criméia, o veneziano Marco Pólo tornou-se um pioneiro do movimento de globalização. Aos 17 anos, partiu numa viagem rumo à China e se pôs a anotar tudo o que via e ouvia. Depois de atravessar a Pérsia, rumou até Kerman. Cruzou o planalto de Pamir e, do chamado teto do mundo, desceu por Kashgar, Yarkand e Khotan. Em seguida, passou pelos desertos de Lop Nor e Gobi e chegou à China. Por 17 anos, viveu na corte de Kublai Khan, na qual desenvolveu atividades administrativas. Depois, conduziu por dois anos a frota naval que levou uma princesa da família real até o porto de Hormuz, no Golfo Pérsico.

De volta a sua terra natal, o aventureiro ingressou na Marinha e participou da guerra contra os genoveses. Acabou detido pelos inimigos e narrou suas aventuras a um companheiro de prisão chamado Rustichello, que mais tarde publicou *O Livro de Marco Pólo*, também conhecido como *O Milhão*. A obra revela um apurado senso de observação. Na verdade, o viajante não acumulou grandes riquezas para Veneza, mas presenteou o Ocidente com informações valiosas sobre as terras distantes. Constituiu conhecimento. Deu a seus patrícios – e também aos orientais com os quais conviveu – a chance de perceber o que realmente eram, mediante a comparação com pessoas e culturas tão diferentes. Os navegadores do século XV, como Cristóvão Colombo, utilizaram os relatos de Marco Pólo em suas viagens, no limiar de uma nova era do processo civilizatório.

Em uma de suas obras-primas, o escritor italiano Ítalo Calvino reproduz, em ficção, os diálogos do viajante com o perspicaz Kublai Khan, interessado na aquisição permanente de conhecimentos. Diante de um mapa com terras ainda não descobertas ou fundadas, o imperador lhe pergunta:

– Você, que explora em profundidade e é capaz de interpretar os símbolos, saberia me dizer em direção a qual desses futuros nos levam os ventos propícios?

Enfim, a suposta indagação do Grande Khan ainda está suspensa no ar, atual e provocante. Descobrir quais são as rotas e os futuros possíveis é o desafio que se apresenta aos analistas da política, da economia e do mundo do trabalho. Afinal, que fenômeno é esse que convencionamos chamar de globalização? Em três décadas de atividade profissional, deparei-me muitas vezes com questões cuja resolução ampla passava por esse enigma dos tempos modernos. Ao visitar 68 países, em mais de 300 viagens, quase sempre em missões de cunho comercial, percebi a crescente importância desse processo de interdependência que tem modificado a face do planeta.

Negócios com bobos

Gostaria de contar um pouco de minha história em missões comerciais pelos quatro cantos do mundo. Depois de trabalhar na Foto Kodama, em São Paulo, por alguns anos, tornei-me vendedor de equipamentos fotográficos para lojas do ramo. A experiência foi fascinante. Malinha 007 na mão, visitava os grandes magazines de São Paulo. Com certeza, era o mais novo dos vendedores. Por isso, muitas e muitas vezes fui tomado por office-boy. O sucesso na área de vendas levou-me a cursar Administração e a optar pela especialização em Comércio Internacional.

Logo no início do curso superior, passei a trabalhar na já citada trading Davar. Viajei por todo o planeta, oferecendo e vendendo produtos brasileiros. Na África, vivi várias e inesquecíveis aventuras. Ali, a infra-estrutura de transportes e acomodações era muito precária. Eram países pobres, alguns libertos havia pouco tempo da dominação colonial, mas representavam a oportunidade da abertura de novos mercados para os produtos brasileiros.

Para se fazer negócio, não bastava conhecer os produtos. Era, sobretudo, importante saber da geoeconomia e da geopolítica de cada um dos países da região. O continente vivia ainda uma época estranha e turbulenta. A República Centro Africana foi dominada de 1966 até 1979 pelo coronel Eddine Ahmed Bokassa, que se proclamou imperador e era conhecido por comer, bem temperados, os adversários políticos. Arre égua! Outro maluco de carteirinha, metido a líder vitalício, era o comandante Idi Amin, que presidiu Uganda de 1971 até 1979. Naquele início de carreira, viajei até três vezes por ano para o então Alto Volta, hoje Burkina Faso, um país seco, mediterrâneo e carente de recursos, ao sul do deserto do Saara. Transitava entre Uagadugu e Bobo-Diulasso vendendo refrigeradores e freezers a querosene. O país tinha enormes dificuldades para produzir e distribuir energia elétrica. Portanto, nossos produtos eram demandados e não encontravam fortes concorrentes. O nome Burkina Faso quer dizer "terra de homens honestos", o que pode, certamente, indicar algo sobre a natureza daquelas pessoas. Contudo, o fato de negociar com os "bobos", em sua maioria modestos agricultores e artesãos muçulmanos, não significava que fazíamos negócios da China. Era necessário ter paciência e habilidade diplomática.

Eu tinha apenas 20 anos, mas a globalização já era uma realidade. Então esse processo de contatos além das fronteiras superava o sentido meramente econômico. Era uma ótima oportunidade de aprender a viver, de compreender o significado da maravilhosa expressão "cidadão do mundo". Havia uma série de variáveis ambientais, políticas, culturais e sociais que determinavam o acesso aos mercados. Percebi a existência de hábitos singulares em cada pequeno vilarejo. Há mais de cem povos diferentes vivendo em Burkina Faso. Cada um tem seus próprios costumes, desejos e formas de consumir produtos e serviços.

No caso específico da África, assalta-me uma enorme preocupação. Há países hoje mais pobres, em termos absolutos, do que naquela época. No continente, o habitante médio consome 20% a menos hoje do que há 20 anos e isso não se deve à globalização. A razão maior desse fracasso é que a onda globalizante não integrou esses países, não conseguiu habilitá-los como produtores de bens comercializáveis em larga escala. Enfim, não tiveram como produzir moeda de troca e se isolaram em sistemas primitivos de subsistência. O sociólogo Anthony Giddens, um dos idealizadores da política da Terceira Via do governo Tony Blair afirma que novos projetos cooperativos devem ser urgentemente estabelecidos para capacitar os países africanos e incluí-los na nova ordem econômica mundial. Afetadas pela degradação ambiental e pela fome, várias etnias podem simplesmente desaparecer nas próximas décadas. Em alguns países, um quarto da população adulta está infectada pelo vírus da Aids. "Os governos dos países desenvolvidos, especialmente o norte-americano, precisam cooperar de maneira mais ativa para administrar a globalização", alerta Giddens, com razão.

Coincidentemente, durante o período da Guerra Fria, a África foi palco de uma disputa entre as duas superpotências. Nações eram instrumentalizadas no litígio leste-oeste. Com o fim do comunismo soviético, entretanto, as nações do Ocidente industrializado perderam o interesse pela região. Na última década, com o crescimento dos impérios econômicos da era digital, menos dependentes da exploração de recursos naturais, acabou minguando ainda mais o fluxo de investimentos no continente. Ou seja, os africanos têm sido excluídos do processo de globalização. São apenas um caso de emergência para a Cruz Vermelha.

DILEMAS EM ESCALA PLANETÁRIA

Em substituição à discussão socialismo *versus* capitalismo, trava-se hoje o debate que opõe globalização e não-globalização. Os partidários do processo globalizante são identificados como neoliberais, defensores de um capitalismo selvagem que autoriza os poderosos a devorar os recursos das nações menos habilitadas a competir nos mercados internacionais. Os oponentes pertencem a grupos diversos. São zapatistas, neocomunistas, neoluditas, hackers, crackers, anarquistas e punks e o senso comum acredita que estejam preocupados em defender a soberania dos países mais pobres e eliminar a desigualdade no planeta.

Posso dizer que os mitos e rótulos prejudicam uma discussão honesta e realmente inteligente em torno do problema. Será mesmo que a globalização é apenas um sistema de expropriação e transferência de riquezas? Por outro lado, será que é um justo movimento de crescimento econômico solidário? Certamente, nem uma coisa nem outra. No que convencionamos chamar de globalização, há inúmeros microprocessos de integração econômica, calcados em critérios próprios. Não existe, de fato, um "governo central da globalização", como não existe um "presidente da Internet". Os processos da atualidade são descentralizados, anônimos e extremamente complexos. Ainda que tenhamos uma série de leis e convenções sobre o comércio exterior, não existe um código que possa reger os acordos entre empresas locais, transnacionais e governos. Novas disputas aparecem todos os dias e as novidades tiram noites de sono dos especialistas da Organização Mundial do Comércio (OMC), a instituição mais habilitada a estabelecer normas para as transações do mundo globalizado.

Para qualquer debate sobre o tema é necessário acabar com o maniqueísmo que opõe supostos paladinos da justiça social e supostos vilões interessados em vampirizar os mais fracos. Cada situação deve ser analisada de acordo com seus aspectos próprios. A globalização avançou a tal ponto que dificilmente será detida. Espera-se que nos próximos anos o processo experimente momentos de tensão ou de arrefecimento, como ocorreu após os ataques terroristas ao World Trade Center, em setembro de 2001. Esses acontecimentos, no entanto, não devem travar a roda da história. O México viveu uma grave crise entre 1994 e 1995. Em 1997, a sombra da falência deitou sobre o Sudeste Asiático e ainda assim, os bombeiros do sistema financeiro internacional conseguiram impedir o desastre.

Hoje, a meta é corrigir os rumos da globalização e impedir que se torne um sistema de recolonização do planeta. Acredito que muitas pessoas sérias pensam como eu. Até o mais ferrenho defensor do capitalismo sabe hoje da necessidade de criar e manter mercados para se garantir a expansão das economias centrais. E nenhuma pilhagem será capaz de construir esse novo público consumidor. A reorganização dos padrões trabalhistas e das políticas salariais deverá ter em vista a necessidade de se preservar o poder de compra e fortalecer os mercados globais.

Nova denominação para um fenômeno antigo

A globalização já teve outros nomes. Não é coisa nova e se repete ciclicamente de acordo com mecanismos próprios de expansão econômica, normalmente associados a processos de renovação tecnológica. Houve uma globalização com Alexandre, O Grande, da Macedônia e outra com o Império Romano, associadas a inovações bélicas. Gengis Khan, avô de Kublai, intensificou o comércio com o ocidente por meio das rotas da seda e das especiarias. Enviou para a Europa tapeçaria, porcelana e cobiçados temperos. Séculos depois, o ciclo das navegações acelerou a expansão comercial das potências européias.

Nas cinco décadas que precederam a Primeira Guerra Mundial, houve uma formidável transferência de capital, bens e mão-de-obra entre as nações. Essa época registrou sensíveis reduções às barreiras comerciais, o transporte barateou, com a construção das ferrovias e a multiplicação das frotas de navios. Essa revolução fez com que bens e conhecimentos de um continente migrassem rapidamente para todos os outros. Como disse, isso já havia ocorrido antes, muitas vezes, mas nunca com tal dinâmica. Os mercadores de Gênova e Veneza, fizeram coisa parecida, entre os séculos XIII e XVI, mas no ritmo da época, de modo que as trocas econômicas e culturais se processavam lentamente. Além disso, o monopólio do transporte privilegiava radicalmente uma das partes envolvidas no processo. Esse panorama começou a se transformar decisivamente no século XIX, com a difusão do conhecimento tecnológico e a redução das distâncias.

Esse primeiro grande fluxo moderno de atividades globalizantes começou a perder impulso em razão do primeiro conflito mundial, com a imposição de leis protecionistas e proibições ao movimento de capitais. Na década de 1930, os Estados Unidos elevaram tarifas e receberam respostas semelhantes de outras nações, o que aprofundou a Grande Depressão e reduziu o volume do comércio global.

No final desse período de crise, já durante a Segunda Guerra Mundial, a conjuntura política internacional produziu rearranjos no processo global de desenvolvimento econômico. Em 1940, por exemplo, o Brasil estabeleceu um acordo com os norte-americanos para implantar a usina de Volta Redonda. Em troca, o país entrou no time dos Aliados, contra o Eixo. O intercâmbio cultural se aprofundou com o sucesso de Carmen Miranda, "The brazilian bombshell", na terra do Tio Sam. Em 1942, no filme *Alô Amigos*, os estúdios Disney promoveram um significativo encontro entre o Pato Donald e o papagaio Zé Carioca.

A QUEDA DO OUTRO MURO

Em termos mundiais, o fim da guerra não trouxe rápido alívio para o severo controle sobre fluxos de capitais. Os vencedores decidiram também manter fixas suas taxas de câmbio. Era o que se podia fazer naquele momento. Mesmo assim, os países desenvolvidos perceberam a necessidade de eliminar barreiras comerciais, ainda que gradualmente e com cautela. Esse passo decisivo foi dado com a criação do Acordo Geral sobre Tarifas e Comércio, o GATT, que resultou num estímulo às importações e contribuiu para a recuperação da economia mundial.

Os mercados globais de capital também estiveram mais ou menos engessados com o sistema de Bretton Woods. As primeiras sérias rupturas nessa parede cambial ocorreram no início da década de 1970. Os Estados Unidos cessaram o controle do movimento de capital e os alemães fizeram o mesmo. Esses acontecimentos, pouco conhecidos e comentados, têm para a economia valor semelhante ao da queda do muro de Berlim para a política internacional e a diplomacia. Britânicos e japoneses seguiram o exemplo. Italianos e franceses demoraram mais e abandonaram as restrições somente em 1990. As moedas passaram finalmente a flutuar de acordo com as taxas de mercado.

Um dos motivos desse processo de mundialização foi a liberalização, com a redução de obstáculos ao comércio exterior. Muito disso se deve aos acordos realizados por meio do GATT, que seria substituído pela Organização Mundial do Comércio (OMC), em 1995. Mas há um fator circunstancial determinante: o avanço tecnológico aproximou economias e facilitou a integração de mercados. Aquela globalização da época de Vasco da Gama e Cristóvão Colombo dependia de complexas e vagarosas viagens marítimas nem sempre concluídas. A recente globalização se dá pela linha ultra-rápida das fibras óticas e dos satélites. Usar o telefone ficou muito mais barato. Falar de Boston para Manchester por três minutos custa hoje o mesmo que um cafezinho com creme. Portanto, o avanço das comunicações reativou interesses e rompeu as barreiras espaço-tempo. Existe ainda outro fator importante nesse fenômeno: a informatização.

Ficou mais fácil e mais barato armazenar dados e, além disso, as empresas se tornaram extremamente mais rápidas na interpretação e instrumentalização dessas informações. O supertelefone e o supercomputador, unidos, transformaram o mundo no final do milênio.

Contudo, o processo não está concluído e assume novos contornos a cada dia. Negá-lo simplesmente não parece uma atitude inteligente e os poucos países ainda resistentes experimentam graves problemas. Cuba e Coréia do Norte, por exemplo, enfrentam sérias crises econômicas, carecem de bens básicos e suas linhas de produção se tornaram rapidamente obsoletas. A própria União Soviética se viu vítima do fechamento do regime comunista. Em sua estréia no palco internacional das múltiplas transações, a antiquada Rússia não foi poupada de humilhação. Seus automóveis Ladas, importados inclusive pelo Brasil, logo foram identificados como trambolhos de estética duvidosa e qualidade técnica contestável.

E o processo de integração da ex-potência do Leste não tem sido fácil. O empobrecimento e a herança de corrupção da máquina estatal geraram uma série de grupos mafiosos que dominam importantes setores da economia. Depreendemos que o mundo vive um processo de seleção. Alguns estão mais habilitados que outros para obter sucesso nas grandes feiras planetárias. Assim, não se pode cogitar que o mundo já seja uma organizada "aldeia econômica".

Proporções e comparações

A globalização não é fenômeno inédito e nem recente. Mas é bom perceber que a atual onda de integração é mais rápida e mais capilarizada. O processo vivido antes de 1914 foi focalizado. O avanço tecnológico, especialmente a partir da década de 1960, difundiu o contrato globalizante entre povos que mal se conheciam. É assim que hoje as lojas de Paris vendem camisas fabricadas em Calcutá e os Estados Unidos montam computadores com HDs produzidos em Cingapura.

A Internet ainda oferece outra importante ferramenta para negócios em escala global. Permite que preços sejam comparados rapidamente em vários mercados. Enfim, essa revolução tem capítulo à parte neste livro.

Afirma-se que é preciso produzir onde os salários são mais baixos e as leis trabalhistas mais flexíveis. Depois, a ordem é enviar os bens para onde as leis de importação são generosas e o mercado forte. Por fim, multiplicar lucros onde os impostos são menores e as aplicações bem remuneradas.

Nessa fluidez de atividades, o antigo Estado nacional vê-se enfraquecido, restrito a uma inútil geografia, sem comando sobre a movimentação de capitais. No momento em que a política tenta impor limites ao mercado, as empresas simplesmente podem se transferir para o país vizinho. É preciso, portanto, cativar o capital estrangeiro com isenções de impostos e outras facilidades. Isso pode ocorrer dentro de um mesmo país, com disputas entre cidades pela instalação de uma unidade produtiva. A esse processo, segue-se um rápido processo de venda de indústrias estatais, pouco lucrativas para os padrões internacionais de competitividade. Nos leilões de privatização, são normalmente arrematadas por consórcios dos quais fazem parte as multinacionais. Essa mudança nos conceitos explica a razão do recente desinteresse dos Estados pela anexação ou ocupação de territórios. O jogo se faz agora pela dominação alternada de zonas de rentabilidade, também rapidamente esgotáveis.

Enfim, tudo se assemelha a um jogo de xadrez, caracterizado pela ocupação estratégica de casas do tabuleiro de acordo com o desenho próprio de cada momento do combate. A nova organização econômica, num processo iniciado a partir da década de 1970, vem eliminando a divisão do trabalho entre países dominantes industrializados e países dependentes. Várias empresas transferiram seus núcleos fabris, robotizados e com menos funcionários, para países em que encontraram mão-de-obra mais barata. Com a revolução tecnológica, países fornecedores de "matérias-primas" entraram em processo de falência. "Passaram de vítimas do imperialismo a órfãos abandonados em uma nova ordem econômica", analisa o historiador Bóris Fausto.

INDIVÍDUOS GLOBALIZADOS

Não vale mais a idéia do **"sei fazer de tudo um pouco"**. É preciso "**saber muito de quase tudo**". Isso é o que se entende hoje por "ser um generalista", um profissional com habilidades multidisciplinares, que sabe muito sobre muita coisa e tem, portanto, conhecimento. Quer um exemplo? O próprio Marco Pólo que tinha facilidade para assimilar novas línguas. Aprendeu o mongol, o persa e o árabe, o que agradou muito o Grande Kublai Khan. Além disso, Marco Pólo ainda era um bom navegador, geógrafo, administrador e comerciante. Sobre o mapa geopolítico do globo, pode-se colocar hoje o mapa das teias de relações entre as companhias, freqüentemente mais ricas e poderosas que os governos constituídos. Um olho, portanto, deve vasculhar essa fluida redivisão do espaço planetário. O outro deve focar a passarela dos lançamentos tecnológicos. Desconhecer essa dimensão da novidade equivale a ter custos mais altos que a concorrência e perder rapidamente os mercados consumidores.

FATOR HUMANO NA COMPETIÇÃO

A necessidade de competição entre as empresas tem alterado fundamentalmente as relações entre empregados e empregadores. A tendência é de desregulamentação nas leis trabalhistas. Em 1994, a Organização de Cooperação e Desenvolvimento Econômico (OCDE) elaborou uma série de recomendações no que tange ao emprego. A idéia é criar facilidades para a empresa, com flexibilização dos horários e dos custos salariais. Essa mudança deve alterar profundamente a cultura de férias subsidiadas, abonos anuais, salvaguardas para gestantes e outras proteções garantidas em lei. Tudo o que hoje é assegurado nas legislações tende a ser negociado por grupos de pressão, entre sindicatos de trabalhadores e empresas. A OCDE ainda sugere que se diminua a generosidade dos auxílios de seguro-desemprego, pois estes poderiam significar uma concorrência com os salários mais baixos. Segundo a entidade, os países mais competitivos são aqueles de economias abertas, com sistemas trabalhistas flexíveis.

De certa forma, imagina-se que a globalização conduza a uma compartimentação mais racional do trabalho entre países. Aqueles de baixos salários se especializam em tarefas intensivas e de repetição. Os países de salários mais altos oferecem funções mais sofisticadas aos trabalhadores. Para as empresas, prefigura-se um futuro em economias de escala. Não é por acaso que a China, com enormes contingentes de mão-de-obra, tem aumentado rapidamente sua participação na economia integrada. Nesse caso específico, soma-se o contingente enorme de interessados em qualquer emprego ao controle total do Estado sobre os sistemas de (des)regulamentação e de amparo à atividade profissional. Logicamente, os custos para as empresas dependem significativamente do fator mão-de-obra. Se os trabalhadores têxteis chineses abdicam de férias e aceitam aumentar a jornada de oito para dez horas diárias, certamente o custo final do produto diminuirá. A empresa se tornará mais competitiva, exigindo que eventuais concorrentes na Coréia ou na Índia realizem adequações para sobreviver no mercado.

Os processos de terceirização e informalização do trabalho são, assim, aparentemente inevitáveis. O que se busca é um complexo equilíbrio entre justiça social e necessidades na máquina produtiva. Em 1990, a América Latina tinha 51,6% de sua população economicamente ativa no setor informal. Cinco anos depois, esse número saltou para 56%. No caso da África subsaariana, cerca de 75% da mão-de-obra ativa atua na economia informal. Segundo a Organização Internacional do Trabalho (OIT), 250 milhões de crianças trabalham nos países em desenvolvimento, 61% delas na Ásia.

Na verdade, a globalização tem exportado novidades, conforto e segurança. O que seria da África do Sul, duramente castigada pela epidemia de Aids, se abdicasse dos medicamentos desenvolvidos e fabricados nos Estados Unidos? Quanto tempo demorariam seus cientistas para produzir um coquetel eficaz no combate à moléstia? Em nosso caso, usando um exemplo que está na cabeça de qualquer aluno do ensino fundamental, o que seria do Brasil sem a abertura dos portos em 1808? Mais recentemente, pudemos perceber o prejuízo que tivemos com a funesta reserva de mercado para a informática. Enfim, o que se deve buscar – e isso certamente será uma tarefa árdua – é o ponto de contato entre produtividade-competitividade e processos de inclusão social, certamente dependentes de uma integração civilizada ao mundo do trabalho. A pena para o desequilíbrio é o confinamento dos adaptados em ilhas de prosperidade, cercadas pela barbárie que se aloja como costume entre os excluídos e os famintos.

Rumo a uma cultura global

Certa vez, meu filho maior promoveu uma festa de aniversário em casa. Naquele ambiente descontraído e alegre, entre um punhado de estudantes de Medicina, pude perceber outros significados da globalização. A turma tomava uma cerveja mexicana, uma tal Corona, pingando limão (!) na borda da garrafa. Um sujeito magricela botou pra tocar uma moda que me lembrou Sherazade e as Mil e Uma Noites. Curioso, fui ver do que se tratava. Era Khaled, expoente da música Raï, um artista argelino que vive na França. A verdade é que, no dia seguinte, liguei o rádio do carro e lá estava, novamente, o hit *El arbi*.

Ok, a música sempre foi mais ou menos globalizada. Ouvíamos Rita Pavone e Pepino di Capri, Charles Aznavour e Edith Piaf, sem esquecer Amália Rodrigues. Mas, de repente, via Napster, Audiogalaxy e sistemas assemelhados ou MTV, o pessoal começou a descobrir boa música no Marrocos, no Vietnã, em Cabo Verde, em Portugal e em comunidades indígenas norte-americanas. Uma avalanche maluca de diversidade. A chamada World Music é uma das experiências mais interessantes desse processo de trocas globalizadas. Emocionei-me, como filho de portugueses, ao ouvir os clássicos do grupo Madredeus na minissérie *Os Maias*. Ao nos comovermos com música celta, nas vozes de Enya, Triona Ní Dhomhnaill ou de Niamh Parsons, nos tornamos mais universais. Somos compelidos a buscar significados nessas expressões musicais. Enfim, alguém aparece na televisão e ensina que a música dos celtas deu origem ao country americano e à nossa música caipira. E existe a mão contrária também. Nossa Daniela Mercury, por exemplo, é reconhecida internacionalmente por seu trabalho inovador. Ufa! Quanta cultura...

Em contraposição a esses processos de intercâmbio cultural, recordo os tumultos ocorridos em Seattle, nos Estados Unidos, com os violentos protestos antiglobalização promovidos pelos jovens. No entanto, emblema desse confronto é a dramática cena da morte do estudante italiano em Gênova, durante um encontro do G-8, em 2001. À parte a truculência de rebeldes e policiais, creio que o exemplo mais clarificador dessa tensão bipolar tenha se dado durante os encontros simultâneos de Davos/Nova York. Na Suíça, no Fórum Econômico Mundial, encontravam-se empresários, banqueiros, investidores, representantes de governos e de instituições de apoio ao desenvolvimento. No Rio Grande do Sul, no Fórum Social Mundial, reuniam-se feministas, ecologistas, índios, anarquistas, sindicalistas e esquerdistas de diferentes tendências.

Sem o desejo de ficar em cima do muro, acredito que há razões dos dois lados. Acredito na necessidade de se democratizar o processo de crescimento econômico, o que seria aprofundar a globalização, dirigi-la também para o Laos e para Burkina Faso. As instituições internacionais que financiam o desenvolvimento precisam olhar com mais atenção para os programas de educação dos jovens e para os projetos de criação de novos empregos. Sobre a obtenção do lucro pesa uma hipoteca social. Portanto, programas de saúde devem ser imediatamente criados para atender às populações dos países pobres, especialmente na África. Programas de capacitação e incentivo à produção devem ser desenvolvidos em países como o Afeganistão. E seria desejável que os países industrializados assinassem e respeitassem os acordos internacionais de proteção ao meio ambiente, como o Protocolo de Kioto. Afinal, é justamente nos países castigados pela degradação ambiental e pela pobreza que prosperam os movimentos radicais, como a Al-Qaeda, de Osama Bin Laden.

Do outro lado, no entanto, acredito que existe um mercado mundial que regra a maior parte das relações entre países. Isso não se pode negar. E, nesse universo produtivo, o objetivo principal é gerar receitas. O capitalismo é historicamente responsável direto pelo aumento da produtividade, do conforto e da expectativa de vida. Sim, há patentes de remédios. Mas também existe o alto custo da pesquisa científica. A concorrência entre empresas joga milhões de pessoas no olho da rua. Sim. Mas essa disputa diminui os preços de uma ressonância magnética, de um aparelho de DVD e permite que índios se comuniquem por telefone celular. Sistemas centralizados, como o soviético, se mostraram incapazes de impulsionar o desenvolvimento permanente. A União Soviética se desmanchou por conta da obsolescência. Enfim, a competição estimula a criatividade e a melhoria da qualidade de produtos e serviços.

FÓRMULAS PARA UM ACORDO POSSÍVEL

Acredito que interesses empresariais e sociais são, de fato, diferentes mas não incompatíveis. A busca do lucro não exclui a solidariedade e o desejo de cooperar. Talvez a chave para um futuro mais harmonioso seja a eliminação do fundamentalismo em ambas as frentes de batalha. O megainvestidor George Soros, um dos participantes do encontro de Davos, afirma que o comunismo tentou abolir o mecanismo de mercado e impor um controle coletivo, ou estatal, sobre todas as atividades econômicas. De outro lado, os xiitas do capital procuram abolir o processo decisório coletivo e sobrepor os valores do mercado aos interesses políticos e sociais. De acordo com Soros, ambos os conceitos estão errados. Segundo ele, é necessário um novo tipo de regulação global, pois o capitalismo é ótimo para produzir riqueza, mas não garante liberdade, democracia e respeito à lei. "Proponho uma regra bastante simples: as pessoas deveriam separar seu papel de participantes do mercado de seu papel de atores políticos. Como participantes de mercado, devem buscar a satisfação de seus próprios interesses particulares; como atores do processo político, devem deixar-se orientar pelo interesse público."

Um dos mais conceituados participantes do encontro de Porto Alegre foi Boaventura de Souza Santos, professor de Sociologia da Universidade de Coimbra, um dos principais formuladores das doutrinas dos novos movimentos sociais. Segundo ele, o grande desafio é "incluir" expressivos setores da população mundial nos círculos produtivos e decisórios. "Para além da globalização neoliberal do capitalismo, que só aceita as regras que ele próprio impõe, há uma globalização alternativa, de um desenvolvimento democraticamente sustentável, das solidariedades e das cidadanias, de uma prática ecológica e de uma sociedade que só aceite o comércio livre enquanto comércio justo", afirma.

O segundo encontro de Porto Alegre, em 2002, teve como uma de suas estrelas a escritora canadense Naomi Klein, que rejeita a guerra aos símbolos do capitalismo e prega um método diferenciado de luta. Naomi defende a pluralidade como o caminho para a mudança. "Precisamos expor os mundos invisíveis que existem entre o fundamentalismo econômico do 'Mcmundo' e o fundamentalismo das guerras religiosas", afirma. No Fórum Econômico Mundial, realizado em Nova York, também em 2002, a redução da miséria globalizada foi um dos temas de discussão. O homem mais rico do mundo, Bill Gates, fundador da Microsoft, entrou no coro dos bilionários que fizeram objeções às políticas dos países ricos para a eliminação das desigualdades. Gates, que gastou cerca de 24 bilhões de dólares para incentivar programas de saúde na África e em outras regiões devastadas pela guerra e pela fome, indagou durante o encontro: "Estaria o mundo rico fazendo tudo que pode para melhorar a situação dos pobres?" Mesmo com a resistência do governo Bush em aderir a grandes projetos de desenvolvimento sustentado nos países pobres, percebe-se nos Estados Unidos uma preocupação cada vez maior com a reforma de instituições como o FMI e a OMC, no sentido de se democratizar o crescimento global da economia e diminuir as tensões intercontinentais.

Vivemos num grande organismo global. Seguindo a Teoria do Caos, qualquer pequeno ato pode ter enormes repercussões no corpo do planeta e na escala infinita do destino. E é por isso que Marco Pólo ainda nos surpreende e ensina. Cabe-nos exercitar no cotidiano a responsabilidade com a Terra que nos acolhe e com aqueles que nos foram dados como companheiros de viagem. O processo de globalização deve ser o ponto sensível, a oportunidade, para reconhecermos a diferença como caminho de aprendizado e a variedade como convite à comunhão.

CAPÍTULO 3

EDUCAÇÃO – APRENDENDO A APRENDER

QUANDO DEPARO COM O CONCEITO de sonho, a memória me remete a 8 de agosto de 1980. Naquela noite de sexta-feira, fria e chuvosa, ministrei minha primeira aula. Foi um rito de passagem, um angustiante e prazeroso teste de maturidade. Suei muito. Jovenzinho, semblante de moleque, enfrentei uma sala do quarto ano do curso de Administração das Faculdades São Judas Tadeu. Creio que pelo menos 90% dos alunos eram mais velhos que eu. Todos, de certa forma, desconfiados do novo mestre. Na verdade, tinha acabado de me formar. No entanto, já era um *trader*, percorrera o mundo inteiro, fechara negócios em uma fase singular de expansão do comércio exterior brasileiro. Esse currículo chamara a atenção do professor Idalberto Chiavenato, autor brasileiro de sucesso nas áreas de Teoria Geral da Organização e Recursos Humanos, chefe do departamento de Administração daquela instituição, que me convidou para fazer parte de sua equipe. Assumi a disciplina Sistemática de Importação e Exportação. Perguntava-me se seria capaz de transmitir meus conhecimentos à turma. Ao final daquela primeira lição, contudo, notei aliviado que os pupilos haviam assimilado meus ensinamentos. Descobri em mim talentos latentes, habilidades de comunicação nunca imaginadas.

No retorno para casa, tocava Belchior no rádio do carro e eu rememorava meu debute como professor. Avaliei minha performance e a considerei satisfatória. Tomei-me de grande júbilo. Percebi que ensinar era o atalho para aprender, fosse na preparação da aula ou no exercício mental para responder aos questionamentos do pessoal. Concluí ainda que me dava bem no "palco", que fazer parte daquele espetáculo da cultura me seduzia. Enfim, botei uma quinta marcha e rodei o resto do percurso saboreando as lembranças de meu modesto triunfo.

Esse estado de encantamento me levou a uma reflexão. Por ser um rapaz de periferia, filho de imigrantes, aspirava a ascender profissionalmente, montar um pecúlio. Era bem remunerado como *trader* e a educação não me parecia um bom caminho para quem desejava fazer dinheiro. Então, tomei a decisão de acumular as atividades de executivo e de professor. Em nome desse sonho, tive de passar menos tempo com a família e me distanciar dos amigos. Perdi fantásticos desafios de tênis, jogos do meu Santos Futebol Clube e inúmeros capítulos de novela. *Vale Tudo* acabou e só no dia seguinte fui saber quem tinha matado Odete Roitman, a vilã da história de Gilberto Braga. Logo, entretanto, compreendi que fizera a escolha certa. Tornava-me um professor cada vez melhor, porque punha os métodos à prova na corporação. Sabia quais modelos funcionavam e quais falhavam. Tornava-me, também, um executivo mais completo, com linguagem mais refinada e embasamento teórico para minhas ações. Hoje, não me arrependo de ter enveredado por essa senda do destino.

Já se passaram mais de duas décadas desde aquela noite de aula na Moóca, esse bairro tão italiano e tão paulistano. E ainda me lembro de uma idéia que me tomou o espírito logo depois de deixar a faculdade: "Júlio, um dia você ainda vai fazer dinheiro com Educação!" De certo, viveria no éden se conseguisse compartilhar conhecimentos e, ao mesmo tempo, obter recursos para pagar minhas contas. Num devaneio, imaginei que se a fogosa Jeannie do seriado pulasse da garrafa mágica, este seria meu único pedido: "Quero ganhar meu sustento como professor."

O tempo se passou num piscar de olhos. Vivi importantes experiências na empresa e também na academia. Em 2000, durante meu processo de reinvenção recebi uma série de boas propostas de emprego. Algumas para continuar como executivo. Outras no campo estritamente educacional. Mas havia uma certa irresolução. Não queria me distanciar de nenhuma das duas áreas. Até que recebi o convite para trabalhar na HSM, uma organização voltada para a educação executiva, mas que não deixava de ser uma "empresa", com seis diferentes unidades de negócios. Assim, pude obter uma remuneração condizente com minha capacidade e experiência, manter-me na universidade e ainda desenvolver novos projetos educacionais na área corporativa. Disso tudo tirei uma conclusão: o sucesso nos chega quando corremos atrás do prazer e do sonho. Nesses momentos, as forças do universo se mobilizam a nosso favor.

O PAÍS QUE ESTÁ SE ENSINANDO

Com base em minha experiência de 28 anos em Educação, posso fazer comparações e tirar conclusões. Com certeza, algo de novo se passa na história deste país. Pela primeira vez, 98% de nossas crianças estão nas escolas. As vagas e matrículas nas instituições de ensino superior mais que dobraram nos últimos anos e os cursos de especialização têm se multiplicado por todo o país. Como palestrante, em viagem por vários Estados, tenho colecionado bons momentos. Refiro-me à constatação de que um novo e vibrante Brasil está brotando fora da área de influência das grandes cidades. É o país das novas universidades e centros de ensino. Ainda que se diga o contrário, o ensino convencional mantém-se como a mola propulsora primordial das carreiras. O processo de educação permanente tem como pilares um ciclo que se inicia com a pré-escola e se estende até a conclusão do curso universitário.

Um estudo do Instituto de Pesquisa Econômica Aplicada (IPEA), com dados do Instituto Brasileiro de Geografia e Estatística (IBGE) mostra que um brasileiro com curso superior ganha no mínimo seis vezes mais que outro graduado somente no chamado primeiro grau. O salário tem relação direta com o tempo que se passou estudando. Cada ano na escola pode representar um acréscimo de 15% no rendimento mensal.

Educar-se, sim. Mas por quê? Como ensinava Henry Ford, o primeiro grande gênio da indústria moderna, "a única segurança que um homem pode ter na vida é sua reserva de conhecimento". Em 28 anos de docência, tenho percebido a validade dessa teoria e a importância fundamental do processo educativo como força motriz das carreiras. Não me refiro apenas a executivos graduados, mas também a dentistas, pedreiros e tintureiros. Em todas as atividades produtivas, há sempre uma possibilidade de aprimoramento. Atingir esses patamares de qualidade é o que nos credencia a superar a concorrência. E o aprendizado é que nos permite subir degraus, produzir mais e melhor. Uso alguns exemplos de atividades profissionais de tradição para mostrar a importância da modernização, sempre atrelada à construção do conhecimento, seja ele básico-convencional ou técnico-específico.

Há duas ou três décadas, obturar um dente representava dor e perda de tempo, mesmo com a dedicação de nosso antigo e simpático dentista. Entretanto, aqueles profissionais de Odontologia que estabeleceram seus vínculos com universidades e outras instituições de difusão do conhecimento logo puderam oferecer tratamentos mais rápidos e indolores. Hoje, o remendo naquele dente fendido pelo cotovelo do perverso beque adversário é realizado em apenas um dia.

Sem dúvida, infelizmente, há consultórios em que as sessões de tormento ainda mantêm as mesmas características. Então, recorde-se do gentil homem de branco que cuidava do seu sorriso na década de 1970. Pois é, se veio aquele nostálgico friozinho na barriga, posso adivinhar que você realiza seus tratamentos em outro endereço. Mas também é possível que aquele mesmo dentista tenha se atualizado e hoje ofereça um serviço de primeira qualidade. Nesse caso, como em outros, você "cliente" certamente preferirá sempre o profissional mais habilitado, mais atualizado, que trabalhe com os instrumentos mais modernos. Ou seja, a opção será sempre pelo dono da melhor "educação" profissional.

Mencionei o pedreiro porque trabalhos de reforma costumam paralisar nossas vidas. Estou errado? O trabalho normalmente não anda, os equipamentos freqüentemente são danificados e o material adquirido nunca é suficiente. A regra é que você carregue o mico sobre o ombro. Percebo que na maior parte das vezes esses problemas não são decorrentes de má-fé dos profissionais, mas da ausência de uma "educação" técnica para a execução dos serviços de construção e de reparos. A falta de critérios e métodos adequados atrasa o andamento da obra e consome uma enorme quantidade de materiais. O desperdício, causado pela falta de conhecimento, é o principal fator responsável pelo encarecimento de serviços dessa natureza no Brasil. As associações e os institutos de engenheiros e arquitetos têm estudos que mostram claramente o efeito funesto dessa "ignorância" técnica nas atividades do setor. Portanto, na hora de erguer a casinha do sítio, não se esqueça de realizar uma entrevista para checar o "saber-fazer" dos prestadores do serviço.

Por último, lembro-me do tintureiro, que passava de bicicleta pelas ruas, tocando uma campainha presa ao guidão. Muitas vezes, esse profissional de estilo felliniano realizou milagres e a ele ficamos muito gratos. Foi ele quem tirou a mancha de tinta azul da camisa branca que seria usada na Primeira Comunhão. Foi ele quem recuperou o terno do papai, gravemente danificado pelas patas enlameadas do Rex. Em outros casos, no entanto, o prestativo profissional tornou-se motivo da ira de pacatos cidadãos. A mácula de chocolate sumiu do vestido, mas logo foi substituída por um rombo indecente. O casaco de veludo francês teve removido o cheiro de mofo, mas em compensação perdeu toda a maciez. Virou uma lixa de ferro. Com a criação de novos tecidos, o trabalho do tintureiro tornou-se cada vez mais complicado. Os que sobreviveram nesse mercado tiveram de aprender novas técnicas, novos meios de remover nódoas e devolver o viço às roupas dos clientes. Novos produtos químicos para limpeza e novos equipamentos também foram fundamentais para melhorar a qualidade dos serviços prestados e manter a clientela.

Sem dúvida, num mundo em que a tecnologia renova-se em velocidade fulminante, a informação é um importante diferencial para organizações, empresas e indivíduos. Por isso, os profissionais manifestam preocupação e angústia diante da necessidade de se manterem atualizados, especialmente no campo tecnológico. Nesse contexto, a educação continuada torna-se o paradigma essencial. Essa afirmação é referendada pelo economista Robert B. Reich, secretário do Trabalho dos Estados Unidos no primeiro mandato de Bill Clinton. Ele é um dos mais influentes especialistas no tema e responsável pela recuperação do nível de empregos em seu país. Reich, que por 12 anos fez palestras na Harvard University's Kennedy School of Government, sempre deixou claro que a educação e a constante reciclagem são fatores fundamentais na nova configuração do mercado de trabalho.

O termo "educação permanente" começou a ser utilizado em 1965, pela Organização das Nações Unidas para a Cultura e a Educação (Unesco), e denomina o processo educativo planejado para compreender todo o período de existência dos indivíduos. Nesse sentido, é um tipo de instrução destinada a capacitar pessoas em ambientes caracterizados pela mudança nas relações sociais e nos círculos produtivos. O conceito difere daquele aplicado à educação convencional, preparatória, restrita normalmente à infância e à adolescência. Esses novos modelos incluem a expansão do processo educativo a todos os setores da sociedade, abrangendo profissionais em reciclagem, menores de rua, comunidades indígenas e até detentos.

Considerando a internacionalização das economias e a necessidade de democratizar o conhecimento para reduzir as desigualdades, a Unesco constituiu, em 1993, a Comissão Internacional sobre Educação para o Século XXI. As conclusões da comissão, liderada pelo francês Jacques Delors, ex-presidente da Comissão Européia, foram apresentadas em 1996. O documento reconhece o ensino como direito fundamental do homem e indica que é necessário buscar respostas eficientes para eliminar a aflição dos profissionais diante do avanço veloz das tecnologias e do conhecimento.

Essas concepções estão modificando radicalmente o planejamento de carreiras, do ponto de vista do empregado e também da empresa. Na chamada era do conhecimento, a regra é educar ou morrer.

Porém, seguindo o que ensinava Kaoru Ishikawa, o monstro sagrado japonês do movimento de qualidade, como implantar programas de qualidade total se os funcionários não estiverem "educados profissionalmente"? É importante destacar que Ishikawa aprendeu os princípios básicos de controle de qualidade com os norte-americanos. Mas soube utilizar esse aprendizado para constituir novos modelos aplicáveis à realidade japonesa. Segundo ele, educação e responsabilidade são fundamentais para elevar o padrão produtivo nas empresas. Concordo plenamente.

O operário instruído evita desperdício sempre que detecta um problema de qualidade num subproduto ou num chamado subprocesso. O fio é mais barato que o tecido e este é mais barato que à camisa. Os erros são eliminados assim que percebidos. Não se prossegue o trabalho com uma peça defeituosa e que será, por fim, descartada.

Tratamos aqui de fórmulas básicas. São regras primordiais dos processos de qualquer programa de qualidade total. Mas volto à indagação: como exigir que um funcionário de chão-de-fábrica – simples, humilde, sem educação formal qualificada, que muitas vezes mora em favela, toma banho frio e come arroz com ovo – julgue detalhes no elegante traje destinado a um diretor de empresa?

Dessa reflexão, concluímos que a qualidade é gestada senão nas pessoas, na capacidade humana de julgar, de selecionar, de fazer melhor, mais rapidamente e com menor custo.

Quando convidado a participar de conferências ou debates sobre Educação Executiva, tema a que me dedico tanto na HSM como nas escolas nas quais leciono, tenho dito que as universidades corporativas no Brasil têm missão diferenciada daquela preconizada pelas corporações americanas, das quais surgiram. No Brasil, não basta que as empresas se dediquem a ensinar informática, idiomas, técnicas de marketing, administração de recursos humanos, finanças e gestão. A missão das universidades corporativas e dos programas de educação profissional começa muitas vezes na instrução básica, na alfabetização de parte de seus colaboradores.

Arrisco apresentar, nesse sentido, um postulado: o ingresso e a permanência no novo mundo do emprego e do trabalho, mesmo em suas expressões mais modestas, dependem do conhecimento atualizado de procedimentos mínimos na condução da atividade produtiva. Vamos a um exemplo prático. O operário precisa compreender o texto de um manual de instruções para montar um novo equipamento. Necessita escrever com clareza um comunicado para que o colega do próximo turno conclua o serviço iniciado. Se não souber programar um torno alfanumérico será incapaz de produzir uma nova peça ou de reparar uma ferramenta. Se não puder operar diligentemente uma guilhotina poderá destruir a matéria-prima ou mutilar-se. Enfim, qualquer funcionário, por mais simples que seja sua função, precisa saber elaborar e interpretar uma planilha de produção.

Perceba com que velocidade mudou o mundo do trabalho. Até recentemente, o chefe passava anos admoestando seu funcionário:

– Zé, você não é pago para pensar e sim para fazer. Ok?

Num belo dia, esse chefe vai para um hotel participar de um seminário de gestão e recicla seus conceitos. Volta para a fábrica e muda o discurso:

– Zé, antes de fazer, pensa, tá?

O coitado do Zé não entende mais nada. Quando é que é para pensar? Quando é que é para fazer?

Ora, é para fazer pensando. Eficácia operacional, qualidade e rapidez são os novos paradigmas. Mas para se fazer o serviço uma vez só – e da maneira correta – é preciso treinamento e educação. Só assim, o Zé será capaz de inferir, de tirar conclusões acertadas e planejar antes de botar a mão na massa. Ou seja, essa preparação vai lhe dar o que chamamos de competência.

Mas como assinala Peter Drucker em seu livro *Sociedade Pós-Capitalista*, na sociedade do conhecimento as pessoas precisam aprender como aprender. "As matérias podem ser menos importantes do que a motivação dos estudantes para continuar se instruindo", costuma afirmar esse filósofo moderno, defensor do chamado "aprendizado vitalício". Drucker diz que esse processo permanente de instrução deve propiciar "satisfação" ao indivíduo. Essa realização não se daria somente pela aquisição de conhecimentos mínimos, mas especialmente pela possibilidade de se fazer "excepcionalmente bem aquilo em que já se é bom".

No caso das mulheres, a via era de mão única. Bastava arrumar um bom casamento para ser feliz. Não comungo de qualquer concepção machista acerca do assunto. Apenas relembro as conversas ouvidas nas cozinhas de minhas tias nas décadas de 1960 e 1970. Aquelas bem intencionadas senhoras não estimulavam minhas primas a prosseguir nos estudos. Segundo elas, de uma forma ou de outra, as moças seriam mesmo proibidas por seus futuros virtuosos maridos de trabalhar.

Num piscar de olhos, a sociedade e o mercado sofreram rápidas transformações. E para fazer face à diversidade, as corporações demandaram os talentos específicos das mulheres. Logo, bons maridos frustraram as expectativas das sogras e passaram a estimular o desenvolvimento profissional de suas esposas. Com a globalização, as empresas começaram a exigir profissionais com cultura universalizada, fossem eles homens ou mulheres. Na nova comunidade produtiva, passou-se a dar preferência ao profissional capaz de se comunicar em vários idiomas e de compreender as diferentes economias e os padrões de funcionamento das mais diversas corporações.

De acordo com William Ury, uma das autoridades internacionais em mediação de conflitos, o mundo vive hoje uma verdadeira revolução, especialmente no campo das decisões. "Tradicionalmente, as pessoas que estavam na ponta da pirâmide davam as ordens. Hoje, as pirâmides estão se achatando e tomando a forma de redes", afirma. Portanto, será fundamental que as lideranças compreendam essa nova arquitetura das relações de trabalho, dentro da empresa e no âmbito das negociações comerciais. Hoje, merece elogios o executivo capaz de colecionar colaboradores, estrategicamente, de forma a multiplicar esforços de trabalho. "É por isso que existe tanto interesse no papel da mediação. Dependemos hoje de países, sociedades e pessoas aos quais não podemos dar ordens. Portanto, temos de encontrar formas de cooperar com eles", ressalta Ury.

No novo paradigma, troca-se o "chefe" pelo "líder", aquele que está mais disposto a formar novas lideranças do que contratar seguidores. Esse novo tipo de liderança tem a admiração do time e com ele divide seus conhecimentos. Do novo líder espera-se um perfil generalista e multidisciplinar. Ele sabe muito sobre várias áreas do conhecimento e não apenas um pouco de tudo.

O principal papel da liderança é gerar valor para os funcionários, para o acionista, para o cliente e para a comunidade. Algo muito diferente do antigo papel atribuído ao chefe, que trabalhava exclusivamente para o dono da empresa. Gerar valor para todos esses públicos é, portanto, a verdadeira missão dos líderes. Sublinhe-se que na empresa de hoje todos devemos desempenhar papéis de liderança. Portanto, quem quiser crescer no ambiente corporativo precisa assumir essas múltiplas responsabilidades.

Parece difícil, mas esse é o hercúleo desafio dos administradores, homens e mulheres de negócios do presente e do futuro. Assuma sua parte.

O desafio hoje é preparar o cidadão para uma sociedade globalizada, sem fronteiras, e para um mercado moldado pelo surgimento de novas profissões, algumas complexas e ainda mal conhecidas dos educadores. Os efeitos dessa veloz transformação são ainda angustiantes, até mesmo para as crianças.

Apostando na qualificação para o trabalho, alguns pais acabam por sobrecarregar os filhos com cursos de todos os tipos. A criança estuda pela manhã numa boa escola, daquelas que exigem montes de lição de casa. À tarde faz computação, inglês e também alemão. Afinal, num mercado tão competitivo, ser bilíngüe já não é um fator diferencial. Em outros dias, o pequeno vai para a escolinha de futebol ou de tênis. "Se ele vira um novo Ronaldinho ou

Guga, estou feito", pensa o pai. E tem ainda o conservatório musical. De repente, o garoto vira um roqueiro ou pagodeiro famoso e está garantido o futuro da família. No caso das meninas, tenta-se também um curso de modelo. Vai que vira uma Gisele Bündchen e isso equivaleria a ganhar na mega-sena. Sem dúvida, é importante que se aproveitem as chamadas "janelas de oportunidades" de aprendizado e desenvolvimento de talentos. Mas é evidente o exagero em muitos casos. Criança também gosta de brincadeira, o que não deixa de ser um aprendizado.

ORIGENS, CAMINHOS E IMPASSES

O sistema educacional ainda vigente tem origem na Revolução Científica, no século XVIII. A ciência e a razão foram colocadas a serviço do progresso, o caminho supostamente seguro para a felicidade. A Revolução Industrial mostrou que alguns tipos de saber eram fundamentais ao sistema produtivo. No século XIX, os países industrializados perceberam, por exemplo, que a alfabetização facilitava a adaptação ao trabalho e aumentava o rendimento dos indivíduos nas fábricas. No século XX, ensinar a ler e escrever se tornou uma preocupação planetária, o primeiro passo de um processo educativo ligado à busca do desenvolvimento econômico. Portanto, percebe-se que a educação de massa está historicamente ligada à criação de mercados e à acumulação de riquezas.

De certa forma, as polêmicas no mundo da educação refletem problemas sociais e econômicos profundos. A expansão capitalista, especialmente no século XX, multiplicou o número de universidades e de centros de difusão educativa em todo o planeta. O modelo desenvolvimentista tinha como meta produzir cidadãos competitivos e facilmente adaptáveis à máquina produtiva. A partir dos anos 70, no entanto, o ensino tecnicista mostrou-se cada vez menos capaz de responder às necessidades da sociedade em rápida e drástica transformação.

Portanto, a partir dos anos 90, ganhou força a necessidade de uma educação multidisciplinar, mais permeável às ciências humanas e, sobretudo, instrumental. Nesse último caso, me refiro a um tipo de educação que ofereça instrumentos de conhecimento para que possamos continuar a aprender, interpretar as mudanças e construir estratégias de desenvolvimento pessoal e profissional. O desafio maior dos educadores tem sido aproximar os diversos mundos que convivem neste mesmo planeta. Há famílias que recebem jornais e revistas em domicílio, dispõem de TV a cabo e estão conectadas à Internet. Outras mal ganham para manter um rádio e um aparelho de televisão. Logicamente, as bases de coleta de informação entre esses dois grupos são extremamente diferentes e dificultam a constituição de modelos educativos fechados. Não adianta eleger faixas etárias como referências educacionais num mundo de enormes desigualdades. Numa mesma sala de aula, há crianças que sabem operar perfeitamente um computador e podem contar toda a história de Bin Laden. Outras, da mesma idade, mal sabem segurar um lápis.

Falo aqui de particularidades de natureza econômica, capazes de estabelecer enormes fossos culturais entre pessoas que podem residir na mesma cidade e até no mesmo bairro. O Mapa da Exclusão/Inclusão Social da Cidade de São Paulo (PUC-SP), mostra que para cada criança sem escola no rico bairro Itaim Bibi há 2.806 na mesma situação no paupérrimo Grajaú. No entanto, há outras discrepâncias de capacitação extremamente importantes, presentes nos mesmos estratos sociais e territórios urbanos. As distorções de certo ensino de corte tecnicista ou focalista, produziram técnicos altamente qualificados e, paradoxalmente, quase analfabetos. Na sociedade globalizada, em que a comunicação é fundamental, esses indivíduos estão em palpos de aranha. Alguns são incapazes de redigir um orçamento, uma simples oferta de serviços ou um torpedo para uma gata do outro lado do bar. E eu diria que, em compensação, há ótimos profissionais da palavra – como vendedores, administradores, advogados e relações-públicas – incapazes de calcular porcentagens, de usar uma regra de três e de dividir a conta da cerveja sem a ajuda de uma calculadora. Um trabalho da Fundação Seade com profissionais de grandes organizações brasileiras mostrou que 34% não têm conhecimentos matemáticos, 58% admitem enfrentar problemas para desenvolver trabalhos em equipe e 48% confessam ter dificuldades com a comunicação escrita.

Eu afirmaria, sem messianismo, que há saídas para esses problemas. A longo prazo, o país precisa investir mais em escolas e menos em barganhas políticas. É necessário que se cumpra, de fato, a norma constitucional que destina 25% dos recursos da União para a Educação. Estados e prefeituras também precisam fazer a lição de casa, diagnosticando a situação local e desenvolvendo programas próprios de educação para a comunidade. A curto prazo, há cursos para tudo e muita gente interessada em eliminar suas vulnerabilidades no campo do conhecimento. No caso da língua, a busca por padrões de qualidade é quase uma obsessão nacional. Não é por acaso que os programetas "tira-dúvidas" invadiram até o horário nobre da televisão. Pouco antes dos gols da rodada, está lá o professor explicando a diferença entre "por que" e "porque". Manuais que ensinam a escrever melhor e a falar em público estão entre os mais vendidos nas livrarias.

Acredito que a educação formal tem sido lenta demais para acompanhar a metamorfose das novas sociedades. Esse fracasso passa pela montagem dos currículos escolares, ainda congelados em muitas escolas. Passa-se um trimestre no estudo das capitanias hereditárias e duas semanas no exame das características do governo militar pós-64. Muitas vezes, o ensino está absolutamente descontextualizado, o que frustra tremendamente as expectativas dos estudantes. Há quem saia da escola porque acredita que lá não aprenderá nada de útil. Muitas vezes, o professor, por mais dedicado que seja, tenta transmitir seus conhecimentos para uma zona de vácuo cultural.

Não há dúvida de que parte da violência presente nas escolas tem relação direta com a incapacidade do sistema de ensino em oferecer caminhos de promoção para as populações marginalizadas, às quais os temas curriculares podem parecer piadas de mau gosto. Estudar o sucesso da mecanização no campo e o incremento das exportações do setor agrícola pode parecer um insulto para quem não almoçou antes de ir para a escola. Por fim, há que se dizer que a escola foi historicamente um centro difusor da ética e de padrões morais de cada sociedade. Num mundo de graves rupturas nesses códigos de conduta, em que "o importante (ainda) é levar vantagem em tudo", percebe-se que o estudante encara o ensino formal como um lamentável "faz-de-conta". Reinventar a escola e o sistema de ensino, ampliando suas atribuições na construção da cidadania, é o passo necessário para se reinventar também os profissionais do futuro.

EDUCAÇÃO NA PONTA DA LINHA

Os novos processos educativos modificaram não só conteúdos e métodos pedagógicos, mas retiraram os pilares clássicos de tempo e espaço nos quais se produzia o ensino. Antigamente, estudava-se somente até os 22 ou 23 anos de idade, período que coincidia com a graduação universitária. Hoje, a norma é seguir ciclos de aprendizado que se repitam até o final da vida, num sistema permanente de reciclagem. Antigamente, estudava-se na escola, naquele prédio com carteiras, giz e quadro-negro. Hoje, a revolução eletrônica e digital produziu uma desterritorialização do ensino.

O ensino a distância tem avançado em progressão geométrica em todo o mundo. Trata-se da única forma capaz de conciliar a necessidade de educação continuada com a falta de tempo e a dificuldade de se garantir diariamente a presença física numa instituição de ensino. Hoje, a tela do computador é a sala de aula global, de infinitas possibilidades, pela qual se pode obter instrução de alto nível e imersão total nos temas. Até pouco tempo, freqüentar um curso ministrado por grandes especialistas internacionais do management exigia meses de exílio numa ala residencial de campi, como os de Harvard, Columbia e MIT, além do desembolso de uma quantidade considerável de dólares. Hoje, os "bambas" ministram suas aulas interativas pela telinha do computador.

Portanto, as tecnologias da informação – e mais recentemente a Web – constituem-se em chaves para abrir as múltiplas portas deste século XXI, especialmente no campo da formação profissional. Dessa forma, rompidos os limites físicos da educação clássica, cria-se enorme oportunidade para a universalização do ensino e para a qualificação profissional. Arrisco a dizer que, com isso, democratiza-se o processo educacional.

Perguntam-me, freqüentemente, se o *e-learning* veio para ficar. Peter Drucker, em entrevista à *Forbes*, assegura que *webeducation* se constitui na próxima grande oportunidade de crescimento. Segundo ele, impulsionada pela Internet, a educação continuada pode se tornar um negócio extremamente próspero, explorando um mercado mundial que vale, potencialmente, centenas de bilhões de dólares. É certo que a globalização e a competitividade fazem com que os profissionais trabalhem por mais tempo e viajem com maior freqüência. Assim, o *e-learning* apresenta conveniências e vantagens de acesso, o que inclui a possibilidade de revisões e da seqüência do estudo de acordo com a agenda do estudante. Pela Web, apresentam-se opções quase infinitas de consultas simultâneas, o que enriquece a reflexão sobre todos os assuntos pesquisados e estudados. Nunca a humanidade teve tanta informação disponível para subsidiar a construção de novos conceitos de convivência e trabalho.

No caso dos cursos ministrados pela Web, verifica-se uma economia de pelo menos 40% na relação custo × benefício, levando-se em consideração que é essa a porcentagem de gastos com viagens e hospedagem no treinamento tradicional. Uma empresa, por exemplo, pode treinar simultaneamente seus funcionários na matriz e nas filiais. Enfim, trata-se de um aprendizado *just in time, just for me* e *centralized knowledge* management. A HSM dispõe de um atualizado programa de educação via Web, denominado HSMEducation (confira demonstração em www.hsmeducation.com.br). Confesso-me impressionado com o número de adesões por parte de empresas das mais variadas áreas. Não gostaria de me referir ao *e-learning* como universidade corporativa, mas acredito que esse recurso nos aproxima mais dos gestores do conhecimento nas empresas. Posso afirmar: quem não cuidar desse ativo comerá poeira, quem saiu na frente já colecionou um triunfo.

CAPÍTULO 4

RENASCENDO COM A PRIMAVERA

SE LIVROS TIVESSEM TRILHA SONORA, abriríamos este capítulo ao som de *As Quatro Estações*, a magnífica obra do veneziano Antonio Vivaldi. Logicamente, há quem conheça essa deliciosa composição como "tema de Vinólia", em razão do grande sucesso da propaganda de uma marca de xampu. Bendita cultura pop. Mas sigamos imaginando esses acordes. Eles inspiram uma reflexão sobre os ciclos que marcam o tempo, a renovação da natureza e nossas próprias vidas. Há sempre uma primavera, que aqui no hemisfério sul tem início quando o Sol alcança o equinócio de setembro, no dia 22. Revitaliza-se a esperança e se inicia uma nova época de flores, flertes e dias claros e tépidos. É a estréia de uma fase de renascimento da existência. Gostaria de utilizar o processo das estações como modelo ilustrativo dos ciclos que se sucedem nas histórias de empresas e carreiras.

Tomo como ponto de partida para o desenvolvimento de minha teoria, o trabalho do professor Ichak Adizes, reconhecido por seus trabalhos sobre dinamização de negócios, monitoramento da mudança e resolução de conflitos.

Segundo ele, as organizações são como organismos vivos, caracterizadas por ciclos de vida que respeitam determinados padrões repetitivos. A cada estágio, a empresa é colocada diante de um desafio. O sucesso é determinado pela habilidade das lideranças em compreender a mudança e adotar as medidas apropriadas para mantê-la viva e competitiva.

Como ele, tomarei como ferramenta a curva de Gauss, como é graficamente definida a representação da lei de probabilidade elaborada pelo físico e matemático alemão. A curva, também chamada de "sino", tem sido utilizada pelos marqueteiros para demonstrar o ciclo de vida do produto, o conhecido CVP. Na linha vertical, temos a escala do **Sucesso**, uma medida do faturamento, do lucro, do reconhecimento. Na linha horizontal, temos a escala do **Tempo**, medido em anos (Figura 4.1).

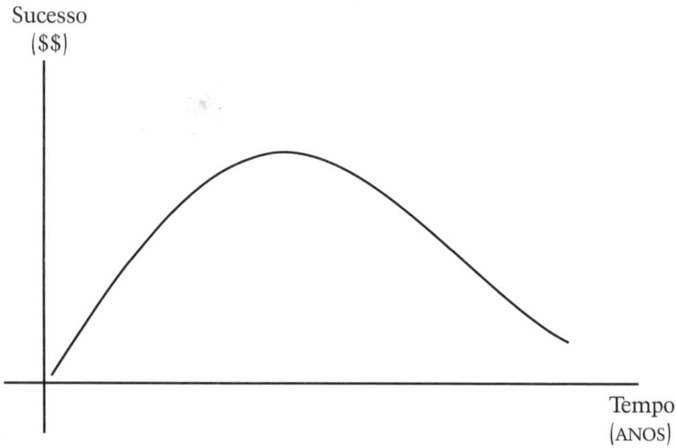

FIGURA 4.1

Quando evocamos o termo empresa, logo nos vem à memória organizações sólidas, que existiam antes mesmo que viéssemos ao mundo. Pensamos em Ford, GE, General Motors, Kodak, Bayer, Columbia Pictures ou Goodyear. Raramente nos lembramos de que mesmo essas grandes corporações passaram por fases radicais de mudança e adaptação às necessidades do mercado. Todas se submeteram a profundas transformações em seus modelos de gestão. Resistir no ambiente competitivo não é tarefa fácil. Nas duas primeiras décadas do século XX, por exemplo, cerca de duas centenas de indústrias automobilísticas foram criadas nos Estados Unidos. Só a GM, a Ford e a Chrysler sobreviveram. Cada vez mais, as empresas tornaram-se instituições vulneráveis e até mesmo perecíveis. Basta um descuido para que sejam varridas do mapa.

Em 1983, um terço das maiores empresas do mundo em 1970, segundo a lista da revista *Fortune*, já tinha desaparecido por falência, fusão, aquisição ou desmembramento. Hoje, menos de 40% dessas empresas ainda se mantêm em funcionamento. Das 500 maiores apontadas pela publicação em 1955, apenas 13 permanecem nesse grupo seleto, segundo levantamento da revista *Wired*. Nos Estados Unidos, 50% das pequenas empresas fecham em até quatro anos, 70% em oito anos e 98% em 11 anos. De todas as companhias abertas, 50% se desintegram antes de cinco anos de existência. A vida média das empresas européias e japonesas é de apenas 12,5 anos. Temos vivido cada vez mais em cenários de instabilidade e transformação. Há muitos exemplos. Um paulistano que tivesse sido congelado por dez anos tomaria um susto ao rodar pelo centro da maior cidade brasileira. E logo, assombrado, dispararia uma série de perguntas. Onde está o magazine Mappin? E a Mesbla? O que camelôs e executivos conversam com esses tijolinhos pretos e cheios de botões? A leitura de uma revista de negócios o surpreenderia tremendamente. Que fim levou o império de Olacyr de Moraes, que há pouco mais de uma década era o maior plantador de soja do mundo e obtinha grandes lucros com a poderosa empreiteira Constran? E onde foram parar as novelas de sucesso da Rede Manchete? Cadê a Rede Manchete?

A verdade é que nosso amigo ressuscitado provavelmente precisaria se submeter a sessões de psicoterapia para se readaptar à realidade. Pois os exemplos da mudança não se esgotam. No início dos anos 90, Paes Mendonça era o terceiro maior supermercadista do Brasil. Só perdia para o Carrefour e para o grupo Pão de Açúcar. Há poucos anos, o Bamerindus era o quarto maior banco privado brasileiro. A Arapuã foi eleita pela revista *Exame*, da Editora Abril, uma das melhores empresas do país. E, "vixi mãe!", no ano seguinte pediu concordata, refém de uma dívida de R$ 600 milhões com fornecedores e bancos. E o vendaval da mudança arrastou também a Metal Leve e a Cofap. A Varga puxou o freio de mão e ficou pela estrada.

Mas o desaparecimento súbito de empresas não é obviamente privilégio dos brasileiros. Em 2002, o mundo se estarreceu diante da derrocada da Enron, a gigante norte-americana do setor energético. Intimamente ligada ao poder, recomendada pelos corretores de ações e aprovada pelos auditores desabou como o "invencível" Mike Tyson diante do azarão Buster Douglas. A concordata pôs milhares de trabalhadores no olho da rua, pulverizou investidores e eliminou os planos de aposentadoria de muitos funcionários. Mais do que os indícios de fraudes e irregularidades no processo, espanta a rapidez com que ruiu esse jovem e reluzente império corporativo.

Enfim, o que está acontecendo? Vamos rememorar. Quem tem mais de 20 anos de idade cresceu ouvindo falar em União Soviética, em como ela era forte e perigosa. De repente, aquilo que o ex-presidente Reagan costumava chamar de "império do Mal" tomou Doril. Como diria o craque Romário, "fala sério": esses eventos parecem mais antigos que a tomada da Bastilha ou o incêndio da Biblioteca de Alexandria. Stálin e Lênin parecem personagens de ficção. O tal de Gorbachov (lembra dele?), que foi tido como herói da liberdade e também como anticristo, por causa da mancha rubra na testa, caiu na obscuridade. As eliminatórias da Copas do Mundo são disputadas por países como Eslovênia (!) e Croácia (!). Na Itália, não se paga mais com liras um prato de gnocchi. Na França, não são mais francos que os *clochards* exigem nas estações do metrô. Um amigo meu tem em sua sala de estar uma enorme foto do skyline de Manhatan. Mas a imagem é um embuste, afinal aparecem ali duas torres altas, com jeitão de inexpugnáveis.

Vivemos mesmo uma estranha realidade, com cenários mutantes e imprecisos. No início dos anos 90, os brasileiros importaram cerca de 100 mil veículos da Lada. Não é pouca coisa, não. São 100 mil. E onde estão hoje esses ícones da indústria automobilística russa? Um colega de trabalho afirma que devem ter sido enterrados pelos constrangidos proprietários em algum cemitério clandestino. Ou seja, as coisas aparentemente sólidas estão se desmanchando no ar. De certa forma, se analisarmos a fundo, todo o século XX foi desconcertante, do microcosmo ao macrocosmo. Quando se defrontou com os novos conceitos da física, Einstein descreveu sua perplexidade. "Todas as minhas tentativas para adaptar os fundamentos teóricos da física a esse (novo modelo de) conhecimento falharam. Era como se o chão tivesse sido retirado de baixo de meus pés, e não houvesse em qualquer outro lugar uma base sólida sobre a qual se pudesse construir algo", afirmou.

No que se refere a aspectos da produção e da economia, os indicadores muitas vezes copiam aqueles elétrons malucos e desobedientes descritos pela mecânica quântica. Fritjof Capra, filósofo e cientista de visão holística e ecológica, observa que os sistemas econômicos também estão em contínua mudança e evolução, dependendo dos sistemas ambientais e sociais em que estão implantados. "Para entendê-los, necessitamos de uma estrutura conceitual que seja também capaz de mudar e de se adaptar continuamente a novas situações", ensina. Capra mostra que a natureza é pródiga na organização de ciclos, alguns muito mais rápidos do que imaginamos. Ele lembra que o pâncreas humano repõe a maior parte de suas células a cada 24 horas. As células do estômago são repostas a cada três dias. E, pasme, a cada minuto a pele humana substitui cem mil células. Entendeu agora a razão daquela poeira permanente na tua casa? E se você não acredita que tudo é passageiro – logicamente, à exceção do trocador e do motorista – saiba que 99% das espécies que surgiram neste planeta já foram extintas. Um estudo de Harvard mostra que 27 mil espécies desaparecem a cada ano, isto é, uma a cada vinte minutos.

O também cientista e pensador Stephen Jay Gould, um dos mais conceituados pesquisadores da história natural, mostra que a vida na Terra experimenta, vez ou outra, períodos radicais de reforma. Termina um ciclo e novas condições são criadas para o período seguinte. Estaríamos vivendo exatamente um desses momentos de crise, capaz de alterar os padrões da existência, premiar aptidões e selecionar os capazes de se adaptar.

A verdade é que podemos trabalhar com dois conceitos aqui. Um deles é o de mudança permanente, por meio de ciclos previsíveis. O outro é o de mudança brusca e radical. No entanto, convenhamos que o abrupto e inesperado se reproduz de quando em quando, com certa regularidade, de modo que assim se torna também cíclico. As guerras, por exemplo, apesar de injustificáveis e incompatíveis com toda civilidade, repetem-se com freqüência surpreendente. Como a culta nação de Goethe pôde executar judeus em câmaras de gás? E como os compatriotas de Walt Whitman puderam transformar Hiroshima em pó? Aproveito esse último exemplo para expor mais um ciclo. Depois de castigar duramente o Japão, os norte-americanos iniciaram a edificação desse gigante da economia mundial. Joseph Juran e Edwards Deming são os pioneiros no desenvolvimento dos modelos de incremento da qualidade. São tidos como os inspiradores do milagre industrial japonês, iniciado após o conflito mundial. Só nos anos 80, no entanto, os americanos foram redescobrir as bases dessa invenção, no início de um novo ciclo.

VOCÊ NO COMPASSO DA MUDANÇA

Apresentados os motivos do assombro, voltemos à nossa curva de Gauss. Uma empresa nasce, com toda energia, no que seria sua primavera. E, se for bem dirigida, se tiver boas estratégias de produção e venda, acaba por crescer. Esse período de plenitude e euforia combinaria com o verão. Enfim, chega o outono e a organização finalmente amadurece. Ali encontrou o ápice de seu desenvolvimento. Mas é período de queda das folhas e a tendência agora é de declínio. Se os ventos outonais tivessem voz alertariam: "prepara-te para os rigores da próxima estação". Nos dias frios do inverno, a empresa desce a ladeira. Se essa tendência não for interrompida, a morte é inevitável (Figura 4.2).

Você deve estar se perguntando: mas será que o destino é tão cruel assim? Não se iluda, manter um negócio funcionando e prosperando é um enorme desafio. Segundo o

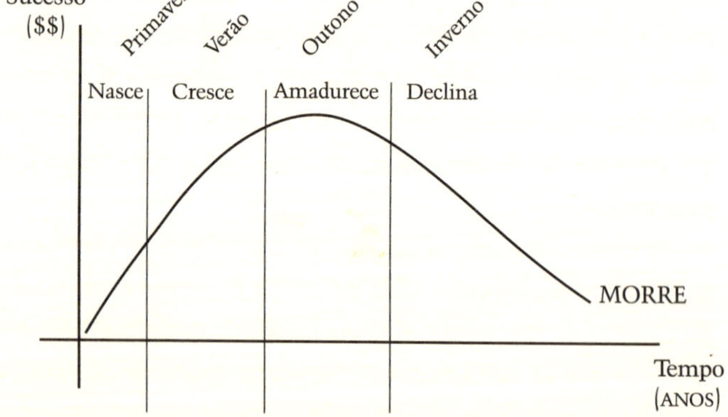

FIGURA 4.2

Serviço Brasileiro de Apoio à Micro e Pequena Empresa (Sebrae), em cada 100 empresas abertas em São Paulo, 32 fecham antes de completar um ano de vida. De acordo com o estudo, 71% das companhias não chegam a completar cinco anos de existência. Dessas sobreviventes, oito também desaparecem antes do segundo ano de atividades. Menos de oito passam de cinco anos de vida. Mas vamos prosseguir com a demonstração gráfica e metafórica dos ciclos. A empresa nasce na primavera e, nesse período, tem suas atenções voltadas para o **produto**. No verão, o volume de vendas ou de serviços prestados é muito bom. Assim, o foco se desloca para a **produção**. A preocupação é manter a qualidade e cumprir os prazos de entrega. Então, vem o outono e o crescimento se desacelera. Começa a se formar, lá no alto, um arco na linha de desempenho. Somente nessa hora é que a atenção se volta para o **cliente**. Imagine uma agência bancária com 10 mil correntistas. Os gerentes percebem o alto custo da abertura de 500 novas contas. Será um processo longo e sem garantia de retorno do investimento. Decide-se, então, que para se manter ou elevar a receita o aconselhável seria desenvolver as relações com os clientes já existentes. Assim, criam-se projetos para venda de cartões de crédito, seguros e poupanças premiadas.

Se essas correções e ajustes de rumo não tiverem efeito, a empresa começa a descer a rampa. Nesse caso, o foco do time se desloca para o que chamo de **politicagem**. É a fase em que as equipes não acreditam mais na empresa e passam a se dedicar a uma política estreita e mesquinha, baseada em interesses pessoais. Nesse período, um diretor da empresa apresenta o "plano da virada", com estratégias para se vencer a crise. Todos o ouvem em silêncio e com fisionomias de aparente comprometimento. Na hora do almoço, no entanto, os gerentes expressam no ti ti ti seus planos e verdadeiras opiniões. "Essa droga de projeto não vai dar certo", diz um. "O sujeito ficou louco", emenda outro. "Vocês já mandaram seus currículos?", pergunta um terceiro. Está claro que acabou o envolvimento com a empresa. O fim está próximo (Figura 4.3).

Esse modelo pode ser, com alguns ajustes, perfeitamente aplicável ao trajeto das carreiras. A primavera corresponde ao período de preparação do indivíduo. Ele estuda, acumula conhecimentos, define suas metas, "embala-se" da maneira mais atraente. O profissional transforma-se no próprio **produto**. No verão, ele sobe rapidamente a ladeira. Cresce. Recebia R$300 como estagiário e é efetivado

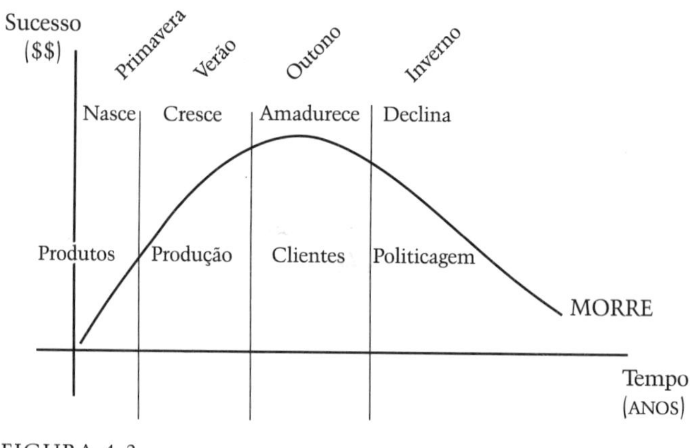

FIGURA 4.3

com salário de R$900. Elevação de 200% nos rendimentos! Para seguir adiante, concentra-se no cumprimento de suas obrigações. Nessa fase, os jovens cumprem longas jornadas de trabalho para encaminhar seus projetos e concluir suas tarefas. A ênfase está na **produção**. No outono, no entanto, percebe-se que é mais lento o processo de crescimento. Aumentos de salário e promoções são raros. Por vezes, parece que a vida está empacada. É nesse momento que a atenção se volta para o **cliente**. E quem é o cliente aqui? É o empregador, a empresa, o mercado. As perguntas são: "o que esperam de mim?" e "o que tenho de fazer para continuar crescendo"?

É o período indicado para as reciclagens. É quando o profissional deveria aprender um novo idioma, matricular-se numa pós-graduação ou fazer um MBA. Sem essa renovação, o futuro é sombrio. Vem, por fim, o inverno. Aqueles despreparados vão sofrer e, possivelmente, perecer. Muitos se põem a praticar uma perigosa **politicagem** contra si mesmos. As frases mais pronunciadas são: "ninguém dá mesmo crédito a pessoas com mais de 40 anos", "essa empresa destruiu minha carreira", "vou embora para o sítio" e "dá mais lucro ficar em casa". Zangar-se e botar o pijama é o prenúncio do fim.

No caos, em busca da nova florada

A diferença entre os ciclos da natureza e das empresas e carreiras é a inexistência de uma garantia de recomeço. Sempre haverá uma nova primavera, visível no colorido dos jardins. Mas existirá uma nova chance para você ou para sua empresa? Tom Peters aponta a existência de um período que ele chama de **caos**, situado entre o ponto de sucesso máximo e o ponto que a empresa/profissional ainda tem chances de reverter a situação. Nessa fase, ainda existem recursos financeiros, humanos e tecnológicos capazes de permitir uma "virada" (Figura 4.4).

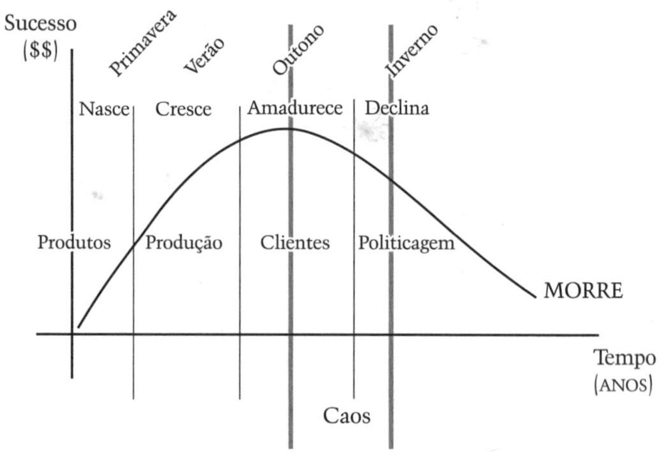

FIGURA 4.4

Vale aqui explicar o conceito moderno de caos. Esqueça a idéia de que se trata exclusivamente de confusão, desordem e desesperança. O conceito é mais complexo. A Teoria do Caos, recentíssima na história da ciência, surgiu como uma estrutura de idéias articuladas na década de 1960, a partir de descobertas do matemático e meteorologista Edward Lorenz, no Instituto de Tecnologia de Massachusetts. Num dia, o Royal McBee do cientista, um vovô dos atuais computadores, mudou abruptamente os padrões de ciclos climáticos simulados depois que um numerinho na programação foi abolido. A relação era de um para mil. Criou-se uma aparente desordem no modelo. Logo, no entanto, percebeu-se que uma nova e complexa ordem havia sido criada.

A partir daí, começou-se a estruturar uma teoria que mudaria todos os nossos conceitos científicos, da biologia à economia. Por muito tempo, os cientistas analisaram os fenômenos à luz das leis da física clássica. De repente, as chamadas ciências não-lineares mostraram que pequenos desvios nas condições iniciais são capazes de alterar todo um processo no decorrer do tempo. Você já ouviu falar do "efeito borboleta"? Segundo esse provérbio que virou fórmula, o bater de asas do inseto, na Ásia, pode produzir a pontinha de energia necessária para fazer desabar uma tempestade sobre Nova York. Para além da física, nossa vida está cheia desses exemplos. Carlinhos não teria estudado química se tia Eufrosina, 15 anos antes, não lhe tivesse dado um laboratório de química como presente de aniversário. Os novos estudos mostram que existe uma fantástica e sutil ordem microscópica em eventos nos quais se presumia imperar a confusão total.

Muitos pensadores modernos se utilizam da teoria do Caos para analisar, por exemplo, os mistérios que envolvem "causas" e "efeitos" no processo de globalização. Percebem sistemas anônimos de organização, microfatores que escapam aos diagnósticos convencionais. Esses trabalhos tentam compreender, por análises não-lineares, os processos que a razão desconhece. Por que choveu tanto aqui e tão pouco ali? Por que essa sólida empresa, de repente, desmoronou? Como é que as fábricas "clandestinas" de brinquedo cresceram tanto na Califórnia? Enfim, o que chamamos de caos seria apenas o que a mente humana ainda não pode mensurar nem compreender. O que pretendo dizer com isso? É que na fase do caos, após o apogeu da corporação, percebe-se que determinadas ordens não são cumpridas, planos são abandonados e prospera alguma desarmonia entre os atores do processo produtivo. Mas é também nesse momento que iniciativas e correções podem alterar a ordem dos acontecimentos no futuro. É o momento sensível.

Em seu ensaio *Estratégias para o Caos: Sobre a transposição* de teorias da física e da matemática para a administração, Jayme Teixeira Filho, conceituado pesquisador das tecnologias da informação e da comunicação, afirma que estratégias para o caos são formas de abordar o desconhecido, maneiras de confrontar nosso medo da mudança, caminhos para recriar o mundo a partir da desordem aparente. "Hoje se buscam novas abordagens para além da visão reducionista do trabalho", assinala, numa crítica aos sistemas de gestão empresarial centrados no método cartesiano de análise.

Portanto, perceber a existência do caos sugere a abertura de janelas de oportunidade, uma chance de interferir nos microfatores que vão determinar o futuro de uma empresa ou de uma carreira. Tom Peters, no final dos anos 80, escreveu sobre esses cenários em *Prosperando no caos*. Segundo ele, a previsibilidade, em seu sentido convencional, foi sepultada. Peters alerta que já não conhecemos, no cotidiano, o real valor da energia e do dinheiro. E alerta que no mundo globalizado não sabemos mais ao certo quem são nossos concorrentes e nem como se organizam. "Seguir e aplicar regras pode ter sido ótimo nos plácidos ambientes do passado. Não hoje. Os gerentes precisam criar novos mundos e, então, destruí-los e recriá-los", aconselha. De fato, as estruturas e metas das empresas têm se modificado rapidamente.

Os mecanismos da concorrência também se alteraram radicalmente nas últimas décadas. Todo o pequeno e médio comércio de varejo, por exemplo, foi surpreendido com o avanço dos hipermercados sobre suas freguesias. O Carrefour, por exemplo, trabalhava na década de 70 com 25 mil itens. Nos anos 90, seu catálogo tinha 75 mil itens, de plantas ornamentais e frutas a pneus para carro e sofás. Passou a concorrer com floriculturas, lojas de móveis, quitandas, centros automotivos e uma série de outras modalidades de negócio. Gostaria de frisar que além dessa concorrência vertical, os pequenos comerciantes tiveram de encarar uma competição horizontal. Com o aumento do desemprego e a redução da formalidade, muita gente pegou o Fundo de Garantia e botou seu próprio negócio. Começou aí a briga de foice no escuro em piso ensaboado. A verdade é que, num mundo globalizado, essa disputa apresentou adversários invisíveis, mais ameaçadores às finanças pessoais que o cunhado boa-vida e pidão. O trabalhador brasileiro passou a competir não somente com desempregados famintos e recém-formados, mas também com gente da Coréia, da China e de Cingapura.

Obsolescência, o vírus mortal

O período do caos, ainda que uma fase propícia à mudança e à instauração de novos ciclos, é caracterizado pelo risco. Duas enfermidades podem decretar o declínio de uma empresa: a ineficiência e a obsolescência. Antigamente, as empresas normalmente desapareciam por serem ineficientes. Esses processos costumam ser lentos. Duram até décadas. Uma empresa como a Matarazzo levou 50 anos para fechar as portas. No caso da obsolescência, o processo é rápido e mortal, como a doença causada pelo temível vírus Ebola. Costumamos imaginar que obsoletos são somente os produtos. Afinal, o fax matou o telex em um ano e o computador enterrou a máquina de escrever em uma década. Pobre Olivetti, que produzia telex e máquinas de escrever. Nesse caso, no entanto, a fabricação de novos bens pode resolver o problema. Quem, por exemplo, produzia pick-ups de discos bolacha passou a fabricar CD-players e fim de história. Mas a mais perigosa obsolescência se verifica na gestão das empresas. Pode estar, por exemplo, no modelo de negócio, no critério para retirada de lucros, no sistema de obtenção e oferta de crédito, na utilização dos recursos humanos ou na identificação e retenção de talentos. Enfim, a qualidade da gestão e do gestor é o que garante a longevidade das corporações.

De volta à curva demonstrativa, a correção de problemas dessa natureza e um adequado gerenciamento da mudança tendem a criar uma nova primavera para a empresa e para a carreira. Alguns processos de reinvenção inevitavelmente vão fracassar. Mas outros tendem a dar novo impulso aos negócios e atividades, marcando o início de outro ciclo. Perceba que esse novo trajeto parte de uma base mais alta e, por isso, se desenvolverá num patamar também mais elevado. E saiba que os ciclos tendem a se tornar cada vez mais curtos. Se a primeira curva, até o ponto da reinvenção, corresponde a cinco anos, a segunda pode durar dois anos apenas. Uma terceira pode ter metade desse período. Numa empresa bem-sucedida, o período entre mudanças tende a zero. Assim, nossa única missão como gestores será gerir a mudança. E como isso se faz? Pela gestão do conhecimento, integrado ao organismo da empresa e da carreira. Trata-se da profilaxia contra o vírus da obsolescência (Figura 4.5).

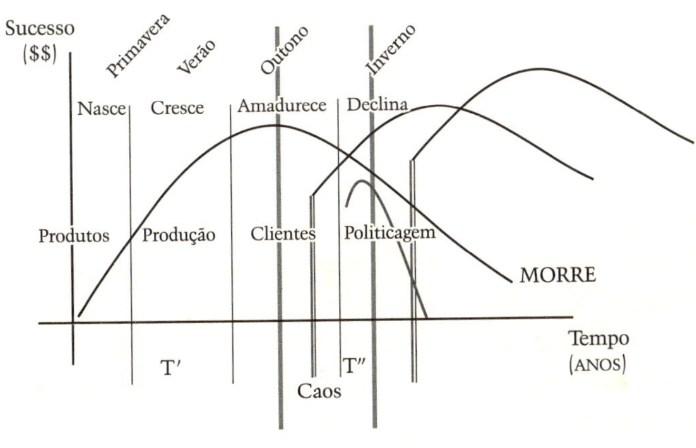

FIGURA 4.5

Menos jogo de bocha e dominó na praça

Até recentemente, essa gestão da mudança se dava ocasionalmente, em especial por conta da rigidez nos processos produtivos e dos períodos bem delimitados de duração do ciclo profissional. Esse quadro, no entanto, tende a se alterar rapidamente. A expectativa de vida vem aumentando no mundo todo. No Japão, por exemplo, já chegou a 80 anos. No Brasil, em 1991, um recém-nascido tinha a expectativa de alcançar 66 anos. Em 2000, essa idade passou para 68,6 anos. Seguimos atrás de vários outros países sul-americanos, como Chile, Argentina e Paraguai, mas já se registram ganhos significativos. Ainda que os brasileiros morram vítimas das chamadas "doenças da Idade Média", como dengue e leptospirose, percebe-se uma tendência geral de alongamento do período de vida. A mortalidade entre menores de 1 ano, que era de 44,72 por mil nascidos vivos em 1991, caiu a 33,74 em 2000. Há que se notar também as enormes diferenças regionais. Uma criança gaúcha nasce com a expectativa de chegar a 71,6 anos. Espera-se que outra, em Alagoas, viva apenas 63,2 anos.

Do ponto de vista econômico, o Censo revelou mudanças importantes. Aumentou extraordinariamente a parcela da população em idade ativa, isto é, entre 15 e 64 anos. Historicamente é a menor taxa na relação de dependência entre pessoas ativas e não ativas (velhos e crianças). Em 1980, em cada grupo de 100 pessoas, 73 eram idosos ou crianças. Em 2000, essa parcela era de 54,9. Essa mudança abre uma possibilidade ímpar de crescimento para o país, porque há mais pessoas produzindo e menos sendo sustentadas. No futuro, no entanto, se o ciclo produtivo não for alongado, corremos o risco de enfrentar o mesmo problema verificado em alguns países europeus. Há poucos jovens para gerar recursos e sustentar a enorme massa de aposentados.

Três grandes desafios se apresentam para o futuro próximo. O primeiro deles é recapacitar pessoas para novos ciclos de trabalho, assim como desenvolver funções adequadas a esses exércitos de veteranos. O segundo é garantir atendimento de saúde diferenciado para essa faixa da população, como prevenção oncológica, controle da hipertensão e da diabetes. Não basta viver mais. É preciso viver bem, o que permitirá o prosseguimento na atividade produtiva. O terceiro é criar um sistema de proteção previdenciária apropriado à nova realidade do país, com a criação de novas caixas de pecúlio e carteiras de contribuição.

O UNIVERSO DOS VALORES INVISÍVEIS

Insisto em que a aquisição continuada de conhecimentos gerais e específicos deve funcionar como garantia de empregabilidade nesses novos tempos. Bebês e vovôs deverão estar aprendendo sempre. São valores invisíveis, cada vez mais necessários à sobrevivência no mundo globalizado. Peter Drucker reconhece a importância desses bens intangíveis, assim como a volatilidade das informações. "É da natureza do conhecimento que ele mude rapidamente e que as certezas de hoje se tornem os absurdos de amanhã", afirma. Nossa missão, portanto, especialmente como lideranças, é tratar a perecibilidade do saber, eleger meios de renová-lo e instrumentalizá-lo dentro das corporações.

No caso da reinvenção de carreiras, essa habilidade é fundamental. Muitos utilizam saberes dinâmicos de seus hobbies e talentos pessoais para desenvolver novas atividades profissionais. É o cantor bissexto que vira promotor de eventos ou o tenista de fim de semana que começa a organizar competições esportivas. Entretanto, acredito que esse processo de reinvenção da carreira deve se dar, de preferência, dentro da própria empresa, mesmo que em outras funções. Ali, já são conhecidos os modelos de produção, os sistemas de gerenciamento e as características do mercado. Larga-se com vantagem.

Há quem defenda nessa busca por capacitação uma cultura generalista. Há quem opte por uma cultura de especialização. Certamente, o indivíduo que diz "saber um pouco de tudo" não passa de um enrolador em termos profissionais. Recorrer a "superficialistas" é invariavelmente uma fria. Imagine: o carro enguiçou tarde da noite, com chuva, sobre a Ponte Rio–Niterói ou na Marginal Tietê. Chega o sabe-tudo, bem simpático, na sua Brasília vermelha. Ele arranca uma peça ali, corta uns fios, arrebenta um plastiquinho, assopra um buraco, até que o motor pega. O sujeito obviamente leva uma grana e some. Você retoma o volante e parece tudo bem. Mas o 16 válvulas pipoca, percorre mais duzentos metros e morre de novo.

Antigamente, especialmente no Brasil, o faz-de-tudo e o palpiteiro costumavam gozar de prestígio, mesmo dentro das empresas. São personagens da época em que a ascensão profissional se dava na já citada "escadinha". Contava muito o tempo de serviço e o conhecimento era departamentalizado e estanque. A ordem hoje é saber muito e profundamente sobre todas as coisas. Tomo o exemplo da arquitetura do Museu Guggenheim, em Nova York. Você sobe em espiral e assim conhece todo o belíssimo acervo. Depois, pega um elevador e desce até a lojinha, no térreo. Nas empresas, o crescimento deve se dar dessa forma, em circuitos que cruzem todas as áreas de trabalho. E é importante que se conheça com profundidade a natureza de cada uma delas. A verdade é que não se deve passar a vida inteira na manufatura, no RH, em vendas ou na contabilidade. Ficou mais difícil? Pode ser. Mas certamente a vida profissional é menos monótona.

As lideranças, portanto, devem oferecer meios para que essa mobilidade seja aproveitada pelos talentos. Na verdade, ninguém mais deseja ter chefe. Nem mesmo os índios, que hoje têm líderes. As figuras de referência nas comunidades corporativas devem oferecer informações multidisciplinares a seus comandados. A organização de palestras, seminários e cursos de capacitação, por exemplo, deixou de figurar como custo. Trata-se agora de ação destinada a manter ou conquistar vantagem competitiva.

Os novos líderes devem privilegiar a diferença. Afinal, somente os boçais contratam pessoas que reproduzem suas próprias características. Tudo bem, fica mais fácil controlar uma turma de clones. Mas se perde a possibilidade de constituir uma equipe com habilidades diversificadas. Na minha época de criança, ainda com televisão em preto-e-branco, havia uma equipe de heróis roqueiros em desenho animado: *Os Impossíveis*. Um era o multi-homem, outro era o homem-mola, e havia ainda o homem-fluido. Cada um desempenhava uma função específica na luta eterna contra os malfeitores. Enfim, era um time perfeito. No ambiente da empresa é importante que tenhamos homens e mulheres, jovens e velhos, brancos e negros. Mais do que uma ação afirmativa em favor das minorias, constituímos grupos que atuam em sinergia. São células mais criativas de produção, em que uma saudável tensão dialética faz brotar novas soluções. A pluralidade dentro da empresa facilita a compreensão de um mercado cada vez mais plural. Se tratamos da busca de novas primaveras, será sempre recomendável que o jardim tenha a maior variedade possível de espécies florais. Procuremos, portanto, as melhores combinações no caos das possibilidades.

CAPÍTULO 5

CRIANDO UMA ESTRATÉGIA PARA A SUA CARREIRA

RECORDO A FRASE OUVIDA NUMA reunião de lideranças empresariais: "Há duas maneiras de se fracassar num negócio. Ou se está num negócio errado ou se tem um mau gerenciamento." A primeira parte desta máxima sugere que ao sujeito empreendedor falta uma estratégia. A segunda diz respeito à inexistência de uma operação afinada. Podemos dizer que a empresa hoje tem uma gestão operacional e outra estratégica, ambas fundamentais para garantir sucesso em mercados cada vez mais competitivos. A gestão da operação da empresa, ou aquilo que Michael Porter chama de eficácia operacional, é como se administra a empresa no dia-a-dia. Trata-se, por exemplo, do controle da cadeia produtiva, dos sistemas de logística, dos processos de atendimento aos clientes, dos critérios para contratação de pessoas. Muitas empresas mantêm-se vivas e assim permanecem, durante muitos anos, simplesmente porque têm uma operação rentável e segura. Mas ter uma boa operação não significa que a empresa disponha de uma estratégia.

Grosso modo, a estratégia consiste no norte que se dá às próprias operações da empresa. Ter um plano estratégico é diferenciar a empresa das concorrentes. É mantê-la no negócio certo e abrir-lhe novos horizontes de empreendimentos. A idéia que define estratégia é aquela que se apresenta no livro *Alice no País das Maravilhas*, de Lewis Carrol. Quando a protagonista chega a uma bifurcação, encontra um gato encarapitado numa árvore. E ela lhe indaga: "Você poderia me dizer que caminho sigo a partir daqui?" E o enigmático felino responde: "Isso depende muito de para onde você quer ir." E ela, então, exprime sua indecisão: "Eu não me importo muito com isso." Assim, o gato emite uma sábia opinião: "Então, qualquer caminho é válido." Essa lição também serve para o ambiente corporativo. Para a empresa que não sabe onde quer ir, qualquer tipo de operação é válida. O conceito é igualmente apropriado às carreiras. Se você não sabe o que pretende, a direção de seus passos não faz diferença.

Um funcionário pode ser brilhante no desempenho de suas atividades, trabalhar muitas horas por dia, dominar idiomas, conhecer profundamente processos informatizados, mas ainda assim não se preocupar com o futuro profissional. Isso muitas vezes ocorre porque o indivíduo está satisfeito com suas atribuições e com seu salário. Posso dizer que alguém com essa mentalidade corre o perigo de estagnar-se ou de sofrer repentinamente os efeitos das radicais metamorfoses nos métodos produtivos. De certa forma, pouquíssimas pessoas estão seguras em seus empregos nos dias de hoje. Acredito, portanto, que traçar uma estratégia de carreira é meio de preservação de conquistas e de estabelecimento de novos pilares para o desenvolvimento pessoal. Há um sinal amarelo piscando para aqueles que se acomodam, que desistem da busca pela diferenciação, que se descuidam da análise permanente do mercado de trabalho. A esses o futuro acena com a obsolescência. São os principais candidatos ao descarte, a figurarem nas listas de dispensa. Imagine que estes são dias de clima inconstante e nuvens pesadas. Quem ignorar o estudo das condições meteorológicas, corre o risco de ser apanhado por uma tempestade logo na esquina de casa.

Mas retornemos ao tema da estratégia corporativa. As empresas elegem estratégias justamente para nortear suas operações. Trata-se do caminho que a empresa traça para atingir objetivos futuros, sempre a partir de um bom diagnóstico de suas condições vigentes. Numa frase, diria que estratégia é a trilha que a empresa tem que percorrer para chegar a uma situação desejada, para atingir metas. Os especialistas em recursos humanos costumam dizer que fundamental para o sucesso da empresa é ter todo o time no mesmo barco. Ninguém pode contestar um axioma desse tipo. Porém, aposto que tão importante quanto ter todo mundo no mesmo barco é fazer com que todos remem para o mesmo lado. E, ainda assim, essa colocação estaria só parcialmente correta. Pois o que realmente se necessita é reunir todos no mesmo barco, remando para o mesmo lado, remando para o lado certo. Porque se todo o time suar remando para o lado errado, mais rapidamente esse barco vai despencar calamitosamente das cataratas.

Portanto, definir o lado certo é um exercício estratégico. Constitui-se na essência de um plano estratégico. O lado certo é aquele no qual se alinham os objetivos que pretendemos atingir num determinado espaço de tempo. A carreira também deve ser norteada dessa maneira. Devo me perguntar: como é que fixo objetivos futuros para minha carreira? O que estarei fazendo em dois ou três anos? Essa indagação permanente deve nortear meu dia-a-dia, tanto no campo profissional como no pessoal. Ninguém pode prescindir do preparo, do treino, da concentração. O esporte oferece exemplos claros dessas necessidades. Imagine, por exemplo, um tenista ou um boxeador que não tenha estratégias e metas, que não analise a performance dos adversários e que não se preocupe em eliminar suas falhas e debilidades. Para o tenista, será o tormento das bolas aparadas pela rede. Para o boxeador, a dor dos diretos no queixo e os beijos na lona. No caso do esporte, a ausência de estratégia e preparação é fatal. Perceba que nos processos competitivos da vida profissional, você também é um jogador.

Uma ponte a ser atravessada

O modelo simples de estratégia da empresa é constituído de uma relação entre dois pontos. Tenho o meu "hoje" num determinado ponto A. Em seguida, defino meu ponto B, o meu "amanhã. E para unir o ponto A ao ponto B, crio uma ponte, que é minha estratégia. Essa é a definição de estratégia ilustrada pela Figura 5.1. Entretanto, se pensamos no campo da empresa, como se define, efetivamente, esse hoje e esse amanhã? Para facilitar a compreensão, observe a Figura 5.2. Portanto, o ponto

A abriga a análise do "agora" doméstico, da situação de minha empresa. Indago-me: o que vigora no tocante a custos, variáveis econômicas, tendências de mercado, demandas da clientela e movimentos da concorrência? Os estudos mercadológicos vão auxiliar a compor uma imagem em raios X de minha organização. Definido o ponto A, identifico o lugar de minha empresa no cenário produtivo.

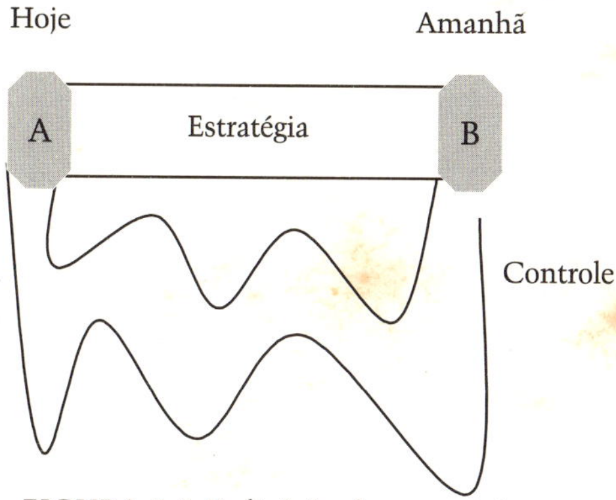

FIGURA 5.1 Definição de estratégia

Sei quem são os concorrentes e também posso reconhecer clientes e consumidores. Posso calcular meus custos e ter uma noção clara do ambiente em que a corporação atua. Já posso, portanto, definir o ponto B, que consiste no conjunto de objetivos que pretendo atingir num determinado período.

Esse elenco de metas pode ser definido pela alta administração da companhia. De acordo com o porte da empresa, a fixação desses objetivos pode descer, em escala, dos planos corporativos maiores até os planos das unidades de negócio ou dos departamentos. Nessa fase, já desenhei um ponto A e um ponto B. Conheço profundamente a situação atual da empresa e estabeleci minhas metas. Assim, estou apto a definir uma estratégia. Preciso pesquisar o mercado e definir como nele me apresentarei. Para isso, devo organizar e priorizar tarefas. No caso de uma operação de marketing, por exemplo, em que planejo "atravessar a ponte" entre A e B, como exemplifica a Figura 5.2 (estratégias e operações), vale reorientar toda a política de produtos, preços, promoção e distribuição.

Essa figura ilustrativa do marketing permite a transposição desses conceitos para o modelo da estratégia pes-

FIGURA 5.2 Estratégias e operações

soal. Os procedimentos podem ser repetidos. O ponto A consiste num "onde hoje me encontro como profissional". Esse diagnóstico revelador é um exercício socrático: "conheça a ti mesmo". Dessa forma, devo efetuar uma reflexão sobre minhas potencialidades no mercado. Devo identificar e tipificar meus concorrentes, clientes e possíveis empregadores. Preciso ainda definir a remuneração que pretendo atingir e em que setor aspiro trabalhar. Isso me auxiliará a caracterizar o ponto B, que concentra a descrição de meus objetivos. Um exemplo: José pretende ocupar um cargo diretivo numa grande empresa de seguros em três anos. Gostaria de atuar na área de marketing e receber mensalmente algo equivalente a R$7 mil. A definição desses parâmetros permitirá que nosso personagem trace uma estratégia realista para atingir seus objetivos, isto é, para saltar do ponto A para o ponto B. José certamente assumirá formalmente um compromisso com esse sonho. Assim, começará por pesquisar a si mesmo e o mercado no qual atua. Deverá identificar com honestidade suas competências e debilidades. Assim, será capaz de expor suas virtudes e corrigir suas falhas. Esse é o caminho que percorrerá, em três anos, para transformar-se em um diretor.

Trunfos e vulnerabilidades

Dessa forma, proponho um sistema muito simples para se construir a estratégia pessoal. É baseado no modelo americano, conhecido como SWOT (Strengths, Weaknesses, Opportunities e Threats), que traduzido ficaria *FFOA*, utilizado por muitas empresas para balizar a travessia do ponto A para o ponto B. Trata-se de uma análise muito rápida, capaz de identificar problemas e revelar soluções. Os dois "efes" correspondem a pontos Fortes e pontos Fracos. A letra "O" sinaliza as Oportunidades e "A" as Ameaças. Portanto, temos pontos Fortes e pontos Fracos nos quadrantes superiores e Oportunidades e Ameaças nos quadrantes inferiores. Basicamente, isso significa que as variáveis do eixo de cima são variáveis da empresa ou do indivíduo. Embaixo, temos as variáveis externas, do mercado, ambientais.

Para criar seu plano estratégico, a empresa faz dois elencos no eixo superior. Um de pontos positivos e outro de pontos negativos. Abaixo, aponta de um lado as oportunidades e, de outro, as ameaças existentes no mercado. Se as empresas utilizam com sucesso esse modelo, podemos empregá-lo para construir o plano de carreira. Elaborá-lo é tarefa extremamente simples. Por exemplo, nosso hipotético José registra entre seus pontos fortes o perfeito domínio do inglês e do espanhol, a facilidade de comunicação verbal e o conhecimento específico do mercado de seguros para automóveis. Entre seus pontos fracos, anota que ainda não tem título de pós-graduação, depende de colegas de trabalho para produzir e alterar tabelas e gráficos gerados por computador e não conhece com profundidade o mercado de seguros residenciais.

Certamente, há virtudes que ganham enorme importância, de acordo com o setor de atividade. Outras podem ter destaque ocasional. Conhecer inglês pode ser importante ao se negociar um acordo com uma resseguradora norte-americana. Dominar o castelhano pode ser fundamental no caso da abertura de uma filial na Argentina. Para quem vende apólices, é óbvio que boa comunicação verbal é fundamental. No caso das deficiências, a dificuldade com a montagem e monitoramento de tabelas e gráficos diminuirá as chances de que José ocupe cargos nas áreas de controle e planejamento.

Enfim, faça uma lista completa de todos os seus pontos fortes e pontos fracos. Produza esse elenco com cuidado e tente registrar o maior número possível de virtudes e fraquezas capazes de influir em seu desenvolvimento profissional. É você ao espelho. Trata-se de um exercício em busca do autoconhecimento.

Para ajudá-lo a identificar pontos fortes e fracos, veja a Figura 5.3, que mostra as principais competências exigidas nos dias de hoje pelo mercado. A seguir, consulte a Figura 5.4, com os principais elementos do cenário das mudanças.

PRINCIPAIS COMPETÊNCIAS

- Conhecimento essencial
- Habilidade de comunicação global
- Visão estratégica
- Atualização tecnológica
- Consciência de cidadania global
- Relacionamento
- Equilíbrio e coerência
- Postura empreendedora
- Interesse e comprometimento
- Flexibilidade e adaptabilidade

FIGURA 5.3 Principais competências exigidas pelo mercado

CENÁRIO DA MUDANÇA

- Prioridade total ao cliente
- Novos produtos, serviços e mercados.
- Novos patamares de competitividade (custos, qualidade, rapidez e diferencial)
- Avanços tecnológicos
- Redes econômicas globais
- Alta velocidade estratégica
- Altos níveis de produtividade
- Cidadania global
- Novos padrões de relacionamento e de vida (longevidade)

FIGURA 5.3 Principais competências exigidas pelo mercado

Agora, vamos ao eixo de baixo, reconhecer as ameaças e oportunidades que existem no mercado. José, por exemplo, deve conferir se há oportunidades para pessoas que dominam diferentes idiomas em seu ramo. Se essa demanda for detectada, teremos aí um ponto de alavancagem da carreira. O mesmo procedimento deve ser adotado no caso das ameaças. Constatado que conhecimentos específicos na área de informática são hoje necessários aos securitários, nosso personagem terá encontrado uma vulnerabilidade. O exercício deve prosseguir com a checagem desses cruzamentos. De um lado, figurarão as coincidências entre seus pontos fortes e as oportunidades ambientais. Esses serão seus trunfos. De outro lado, aparecerão as coincidências entre seus pontos fracos e as ameaças. Serão as habilidades que o mercado exige e que você ainda não tem.

Portanto, a boa estratégia terá uma dupla radiografia do profissional. Os pontos de alavancagem, as virtudes desejáveis, devem seguir para a vitrine. Serão peça de marketing e determinarão o posicionamento do profissional. José, que fala fluentemente inglês e tem boa comunicação verbal, deverá apresentar esses atributos às empresas de seu ramo que desenvolvem atividades no exterior. Os pontos de vulnerabilidade exigirão uma rápida correção. José deverá recorrer a uma escola de informática, por exemplo, para eliminar seus problemas com o uso de computadores. Sem dúvida, uma vulnerabilidade pode queimar a oportunidade de bom emprego ou atrasar o desenvolvimento da carreira.

Faça uso dos formulários a seguir para montar sua própria estratégia de carreira. Por exigência didática, repito os procedimentos. Na parte de cima do formulário 1, no quadrante da esquerda, liste seus pontos fortes. No quadrante da direita, os pontos fracos. Abaixo, à esquerda, aponte as oportunidades que você enxerga no mercado de trabalho hoje. No quadrante inferior, à direita, anote as ameaças identificadas no seu campo de atividade. Na segunda metade da folha, isto é, na parte de baixo, relacione os pontos fortes com as oportunidades. Obtenha assim os pontos de alavancagem, aquilo que você deve expor e propagandear. Em seguida, relacione os pontos fracos com as ameaças. Serão os problemas que você terá de eliminar.

No Formulário 2, defina quais são seus objetivos de carreira para os próximos dois anos ou para outro período escolhido. Na parte inferior, anote os passos definidos do seu projeto de ação. Em apenas uma folha, você terá o seu

	Pontos fortes	Pontos fracos
Variáveis pessoais		
Variáveis do mercado		
	Oportunidades	Ameaças

Alavancagem	Vulnerabilidades
1. ______________	1. ______________
2. ______________	2. ______________
3. ______________	3. ______________
4. ______________	4. ______________
5. ______________	5. ______________

FORMULÁRIO 1 Criando minha estratégia de carreira

I. Meus objetivos estratégicos:

1. ______________________________

2. ______________________________

3. ______________________________

4. ______________________________

5. ______________________________

II. Minhas ações:

1. ______________________________

2. ______________________________

3. ______________________________

4. ______________________________

5. ______________________________

6. ______________________________

7. ______________________________

8. ______________________________

FORMULÁRIO 2 Criando minha estratégia de carreira

plano de carreira. Tire fotocópias. Deixe uma na mesa de seu escritório e outra em sua valise ou na bolsa do notebook. Confira sempre esse material. Ele é seu orientador.

Os especialistas e a mudança permanente

Não se esqueça de que o mundo globalizado se transforma muito rapidamente. Existem variáveis tecnológicas, políticas, econômicas e ambientais que se alternam no decorrer do tempo. Portanto, seu projeto de ação, se definido para abranger um longo período, necessitará de ajustes freqüentes. O controle de atualização de um plano é tão importante quanto sua confecção inicial. Caso você não o adapte à realidade, perderá a certeza de caminhar no rumo certo. Nesse caso, seguirá um mapa que o conduzirá a local incerto e, talvez, indesejado. Relembre o ensinamento do gênio do marketing, Philip Kotler: a estratégia vitoriosa do ano anterior pode ser hoje o caminho mais certo para o fracasso. Segundo ele, o panorama atual, moldado pela tecnologia e pela globalização, é passível de rápidas reconfigurações. "Há dois tipos de empresas: as que mudam e as que desaparecem", adverte Kotler. Transponha esse conceito para sua carreira.

Stephen Covey, o conceituado especialista em liderança, autor de *Os sete hábitos das pessoas altamente eficazes*, afirma que o aprofundamento da globalização e a revolução tecnológica criaram a necessidade crítica de os profissionais liderarem a si mesmos. Assim, cada indivíduo deve saber qual é seu papel na empresa e se capacitar a responder a três perguntas básicas: 1) o que estamos procurando realizar?, 2) quais são os princípios que regem as coisas aqui? e 3) como devo reagir? Segundo ele, a adaptação à mudança constante depende do desenvolvimento de um núcleo sólido inflexível, constituído de princípios imutáveis e atemporais. São eles: justiça, coragem, serviço, humildade, integridade, dignidade humana, contribuição, crescimento, *empowerment*, alinhamento de idéias e criação de valor. A liderança, ancorada nesses conceitos, pode assim enfrentar confiante o vento das mudanças. Será capaz de agir de maneira criativa, comunicar com eficácia e encontrar as melhores soluções.

Novas perspectivas, novas idéias: é do que as empresas precisam para enfrentar a corrente forte da mudança. Essa é a opinião de Robert Reich, Secretário do Trabalho no governo Clinton, já citado aqui. Segundo ele, os profissionais de liderança devem aprender a gerenciar a turbulência e monitorar o fluxo de novas pessoas para novas equipes ou departamentos. A idéia é criar tensão criativa entre os mais experientes e aqueles dispostos a "chacoalhar" o *status quo*. "A mudança mudou. Hoje, a velocidade, o ritmo, o tipo e a finalidade da mudança são outros. O revolucionário da mudança deve concentrar-se em sua capacidade de mudar constantemente", aconselha.

O pensador italiano Domenico de Masi acredita que a maior parte das empresas ainda regula a carreira dos executivos segundo critérios ultrapassados, próprios da era industrial. Segundo ele, o preparo e a ética profissional são menos valorizados que o cinismo e a concordância cega com os chefes. Masi afirma que, no novo contexto produtivo, as corporações devem, cada vez mais, abandonar esses conceitos. "O que importa não é a quantidade de horas passadas no escritório, mas quantidade e a qualidade das idéias produzidas", sustenta. Masi adverte que vale mais a capacidade de adaptação a situações novas, a velocidade em atualizar-se, a habilidade na comunicação e a competência para ver o mundo sob uma ótica global.

Como diz Lester Thurow, um dos mais conceituados economistas da atualidade, o novo profissional competitivo deve perceber que não mais existem valores nem lucros estáveis. "É preciso acostumar-se a operar sem pontos de equilíbrio para fundamentar os planos estratégicos", afirma. Segundo ele, a educação é essencial para que os profissionais se movam nesse novo mundo de referências mutantes. Thurow acredita que, depois do presidente, o profissional mais importante da empresa deve ser o "diretor de conhecimento".

Canivete suíço

Agora que você conhece as opiniões dos papas, prepare-se para mergulhar no processo de mudança. A preparação de um guia de transformação, como este aqui proposto, é passo primordial para se armar um movimento ascensional na carreira. No entanto, é importante ter em mente que vencer esse desafio depende de uma alteração consciente e radical de conduta. No primeiro capítulo deste livro, chamei a atenção para a importância da aquisição de conhecimento. Saiba que essa atitude inquiridora e curiosa perante o mundo deve nortear sua viagem de A para B. Como em toda boa aventura, problemas se apresentarão pelo caminho e o saber será a ferramenta capaz de mantê-lo na briga. A sabedoria funciona, nesse caso, como um canivete suíço de mil e uma utilidades. Entenda que você terá de ser diferente e original na superação desses obstáculos. Se hoje não podemos ser mais rápidos, temos aos menos de nos distinguir pelo uso de estratégias mais eficazes. Não se acomode. Há sempre alguém de olho em suas fragilidades, mas também em suas competências.

No caso da empresa, comece por modificar seu comportamento. Remar com dedicação no barco da empresa ou "vestir a camisa da organização" são atitudes normalmente confundidas com adulação de chefe e com demonstrações de alegria cínica. A verdadeira alteração de conduta se dá na compreensão de suas responsabilidades integrais no âmbito da corporação. Entenda que em qualquer cargo você é um ator de ações de marketing, RH e vendas. O funcionário é marketing, porque todos devem se preocupar com o cliente, com a marca e com a imagem da empresa. Imagine nosso José. Paciente, ao explicar para uma senhora idosa as regras para o pagamento de prêmios de apólice, ele fideliza um cliente, empresta credibilidade à marca e constrói a imagem de uma empresa séria. O funcionário é RH, porque todos são responsáveis pela difusão do conhecimento, pela universalização do acerto no trabalho em equipe. José descobre, num final de tarde, pela internet, uma mudança na lei que rege a área de seguros. Checa as informações e produz um memorando, avisando os colegas das alterações. Há quem pense que deter informações exclusivas é um trunfo na luta por uma promoção. Não é. Trata-se normalmente de uma forma pouco ética de monopolizar dados dos quais toda a empresa necessita. Não confunda aquisição de conhecimento com retenção de informações.

E, por fim, todo funcionário é um agente de vendas. Afinal, todos têm que botar dinheiro dentro da empresa. Imagine que José viaje para comandar o processo de implantação de uma filial. No almoço com a empresa construtora do prédio, descobre por acaso a oportunidade de vender seguros de vida em grupo para os operários. José inicia imediatamente, ainda que com discrição, a exposição de seus produtos. Naquele momento, ele é um vendedor. Ora, não há zagueiro que abdique de ir ao ataque em momentos estratégicos. Em partidas decisivas, você verá até mesmo um goleiro na área adversária, tentando o gol da derradeira cobrança de escanteio.

A empresa cresce em ciclos de esforço e investimento. Se você fatura mais, pode pedir ao acionista que libere verbas para treinamento e aperfeiçoamento dos processos de atendimento ao cliente. Essa melhoria na qualidade de serviços e produtos normalmente resulta num aquecimento dos negócios e em aumento de receita. Portanto, o investimento em qualidade resulta em retorno financeiro. Trabalhar nesse processo circular de crescimento é obrigação de todos, do executivo, do planejador, da secretária e até do pessoal da limpeza. Como diz Dave Ulrich, professor da faculdade de Administração da Universidade de Michigan, "liderar é criar valor". Tomando essa carona conceitual, afirmo que "liderar" é tarefa hoje universalizada na empresa. Todos devem se dedicar a criar valor para o acionista, para o cliente e para o próprio time. Há espaços para o exercício da liderança em todas as esferas da empresa, do presidente ao office-boy. Um mensageiro que, por exemplo, use seus conhecimentos de inglês para fazer chegar mais rapidamente um documento ao cliente, certamente exerce um tipo de liderança e agrega valor à empresa e a si próprio. Esse é o elemento de distinção competitiva que define novas organizações e novos profissionais.

Nesse processo de adaptação à nova realidade multifuncional, o profissional deve saber onde está e para onde vai. Há quem saiba onde está mas não tenha ambições ou coragem de se mover. Prefere guardar posição. Com isso, terá logo seu próprio lugar ameaçado. O futebol tem jargões para definir essa situação: "quem não faz gol, toma" e "a melhor defesa é o ataque". Portanto, nem todos reconhecem a urgência do movimento e de uma estratégia que permita a travessia de A para B. Outros, menos tímidos e acomodados, gostariam de galgar novas posições, mas não têm a menor idéia de como proceder. Volto a esse conceito, num círculo de idéias, porque o julgo fundamental na epopéia da ascensão profissional. Portanto, os que venceram o imobilismo e a indolência devem definir com precisão e realismo o ponto B. Se ele é facilmente alcançável, você subestima suas potencialidades. Afinal, você tem preparo físico para encarar uma maratona e contenta-se em dar uma volta no quarteirão. Qual o resultado dessa avaliação equivocada? A concorrência, seja ela uma empresa ou outro trabalhador, chegará mais longe. Se o ponto B é distante demais, inatingível, você perderá o estímulo. Agora é o atleta de fim de semana que resolve competir na São Silvestre e cai prostrado, língua de fora, já no segundo quilômetro da prova. Portanto, é importante que se conheçam as próprias capacidades e as particularidades do cenário para se estabelecer com inteligência as novas metas.

NÃO SE ILUDA COM CONSPIRAÇÕES CÓSMICAS

Para além da fixação dos objetivos, é fundamental que se trabalhe competentemente na implementação da estratégia. Sem trabalho e ação efetiva não se vence o fosso entre A e B. Aqueles que dominarem conhecimentos específicos e gerais certamente terão mais chances de atravessar o espaço entre esses dois pontos. No ambiente das empresas, encontramos aqueles que planejam muito bem, mas que encontram dificuldades em colocar em prática suas estratégias. É findo o tempo em que um funcionário podia se dar ao luxo de imaginar ações e repassar todas as tarefas de implementação para os colegas. Existe hoje uma exigência de simultaneidade. O gerador das idéias deve ser também agente na execução das tarefas. Trata-se, felizmente, de uma maneira de averiguar se os planos são de fato exeqüíveis e eficazes. Acabou a era dos chefes que, apartados do processo prático de trabalho, ignoravam críticas e sugestões e terminavam as reuniões com o bordão: "Não quero ouvir mais nada. Façam e pronto!"

No caso da carreira, não espere que outra pessoa encaminhe as etapas necessárias ao movimento. Conte apenas com você. Cobre de você. Não se iluda com a crença de que conspirações cósmicas o conduzirão ao sucesso profissional. A fé logicamente é importante. Sem dúvida, funciona como um extraordinário agente motivador, mas por si só não te ensina a falar alemão, não te capacita a trabalhar com softwares sofisticados e não te oferece uma visão cristalina dos mercados internacionais.

Se você sabe onde está e para onde quer ir, se reconhece o ambiente e definiu um plano concreto de ação, prepare-se agora para reagir à mudança das condições. No primeiro capítulo deste livro, citei Heráclito e sua teoria do movimento permanente, da transformação ininterrupta da realidade. Pois, aqui será importante recobrar esse conceito. Em sua fluidez, o mundo transforma a cada segundo, muito ou pouco, todos os destinos. Portanto, esteja preparado para proceder à correção de rota sempre que necessário. Por vezes, esses acertos serão mínimos. Noutras ocasiões, os reordenamentos serão radicais. Imagine que seu plano seja de se tornar gerente de uma filial da empresa no Exterior. Caso o país escolhido mergulhe numa profunda crise econômica, o que pode ocorrer do dia para a noite atualmente, é óbvio que alterações emergenciais deverão ser tomadas em seu projeto. Se o seu país-alvo mudou a legislação em sua área de atuação é hora de começar a estudá-la. Imagine um executivo norte-americano de uma empresa farmacêutica que venha trabalhar no Brasil. Certamente ficará "boiando" se não se inteirar rapidamente dos complexos processos que desembocaram nos acordos sobre as patentes das drogas anti-Aids e na lei que instituiu os medicamentos genéricos.

A RODA DA HISTÓRIA

Nesse caminho, será importante dosar corretamente o tempo investido na construção de estratégias e na execução dos projetos. Esse cuidado serve para as empresas e para os profissionais que vivem o processo de reinvenção. Gary Hamel advoga que 5% do tempo seja utilizado na primeira tarefa e que os outros 95% na segunda. Se você não investir 5% de seu tempo em estratégias, estará sem norte e se moverá mais rapidamente para um ponto indesejado. Se gastar uma faixa de tempo maior no planejamento, provavelmente estará se atrasando, realizando menos do que o necessário e será atropelado pela roda da história. Ao concluir esse longo planejamento, verificará que os dados nele utilizados já estão defasados e envelhecidos. A verdade é que o planejamento deve ser dinâmico, contínuo e diário. O mesmo se pode dizer da execução.

Essas regras simples de controle da carreira servem como instrumento para se garantir a empregabilidade. Em uma época de extinção de várias funções e de aparecimento de outras tantas, é fundamental que se efetuem correções, especialmente na área do conhecimento e das habilidades específicas. Nos jornais, por exemplo, desapareceu a figura do revisor. São os próprios repórteres que redigem e corrigem seus textos. Na área do secretariado, praticamente evaporaram-se as taquígrafas. Transcrições agora são efetuadas com ajuda do gravador ou com programas de decodificação de voz. Várias funções dos mecânicos de automóveis desapareceram ou foram totalmente alteradas, sempre com a exigência da aquisição de novos conhecimentos específicos. Há equipamentos modernos que aferem, por exemplo, o funcionamento do sistema de injeção eletrônica. Aquele sujeito que arrumava carburadores viu seu negócio definhar ou já aprendeu a trabalhar com novas ferramentas, em novos tipos de motores. O motorneiro, a parteira, o amolador de facas, o condutor de tílburi, o amanuense copista e o datilógrafo sumiram numa rajada de vento.

No entanto, há pouco tempo, não se tinha ouvido falar em webdesigner, personal trainer ou headhunter. Há uma onda de radical transformação no mundo do emprego. Há pessoas que inevitavelmente terão de mudar de ramo para sobreviver. Na sociedade pós-industrial, os empregos ligados ao domínio de ofícios cedem lugar àqueles que requerem conhecimentos múltiplos e especializados. Um técnico em informática, por exemplo, não trabalha com técnicas que lhe foram passadas pelo pai ou pelo avô, como era o caso dos antigos ferreiros. Nem mesmo executa uma única tarefa. Novos programas são lançados a cada semana e a atualização permanente é a chave para a manutenção do emprego. O chefe de um centro de processamento de dados deve estar atento ao lançamento de novos hardwares e softwares que dinamizem o trabalho e reduzam os custos. A obsolescência do departamento certamente prejudicará a empresa e alguém lhe exigirá explicações. E perceba que as competências necessárias a esse gerente de CPD são variadas. Para estar em dia com as novidades de sua área, por exemplo, esse profissional certamente terá de conhecer bem o idioma inglês, de modo a ler e compreender revistas especializadas, noticiários on-line e até mesmo manuais de instalação.

Sem dúvida, essa obrigação de reconhecer a mudança também se apresenta aos executivos e planejadores. Seja numa tecelagem ou numa engarrafadora de bebidas, a manutenção da competitividade dependerá sempre de uma atualização dos equipamentos e dos modelos de produção. Isso quer dizer que não basta reconhecer a novidade, mas também apropriar-se dela e introduzi-la na vida cotidiana. Como assinala Joel Barker: "Visão sem ação é meramente um sonho. Ação sem visão é apenas um passatempo. Visão com ação pode realmente mudar o mundo."

CAPÍTULO 6

"MULHERIZAÇÃO" – MARCAS DE BATOM NA TRILHA DO FUTURO

TOC TOC TOC. Aquela batucada ritmada e elegante no assoalho do hall ao lado. Não tenha dúvida: são os saltos altos da sua futura chefe. Ela está chegando. Prepare-se. Com certeza, paralelamente ao curso da globalização, experimentamos um evidente processo de "mulherização" nas atividades produtivas. Sim, pode-se argumentar que a mulher esteve desde sempre integrada ao mundo do trabalho. Logicamente, não se prescindia da mão-de-obra feminina, por exemplo, nas glebas feudais. No entanto, é a partir da concentração dos meios de produção nas fábricas, na Revolução Industrial, no século XVIII, que se percebe a necessidade da incorporação formal das mulheres ao nascente parque fabril. Os primeiros gerentes logo se convencem de que "elas" são biologicamente qualificadas para as novas funções. Na Inglaterra, as mulheres agregam qualidade às linhas de produção. Por conta de destrezas inatas, são convocadas a controlar as máquinas das tecelagens.

São muitos os estudos que tentam explicar essas habilidades específicas. Afirma-se que, desde a época dos primeiros agrupamentos humanos organizados, a compleição conduziu a mulher à manufatura refinada, à instrução lingüística das crianças, à seleção de provisões e à administração das tarefas vitais para a sobrevivência do clã, especialmente no tocante ao armazenamento de víveres. Sem dúvida, essa herança explica a facilidade de adaptação feminina aos tempos ferozes da nova revolução produtiva. A empresa do novo milênio depende dessas contribuições para se manter e prosperar.

Pesquisas recentes comprovam um fenômeno que não obedece fronteiras. Cresce o número de mulheres em postos diretivos nas empresas. Curiosamente, essa ascensão se dá em vários países, de maneira semelhante, como se houvesse um silencioso e pacífico levante de senhoras e senhoritas no sentido da inclusão qualificada no mundo do trabalho. Segundo alguns analistas, esse processo tem origem na falência dos modelos masculinos de processo civilizatório. Talvez seja verdade. Os homens, tidos como superiores, promovem guerras, realizam atentados, provocam tumultos nos estádios, destroem o meio ambiente e experimentam a aflição inconfessa de viver num mundo em que a fibra ótica substituiu o cipó. Quando já não se necessita tanto de vigor físico para a caça, vale mais o conhecimento que permite salgar ou defumar a carne, de modo a preservá-la por mais tempo. Enfim, caso Tarzan não se recicle, os filmes do futuro serão estrelados somente por Jane.

Instrução mudando concepções

Pode-se dizer que a hesitação masculina em aceitar a inevitável emancipação feminina tem atravessado os séculos. Platão, por exemplo, assegurava que as mulheres eram tão capazes quanto os homens de exercer cargos de governo. Segundo ele, a cidade-Estado deveria ser governada pela razão. E as mulheres, de acordo com o filósofo, poderiam adquirir essa racionalidade desde que fossem devidamente educadas e dispensadas dos serviços caseiros e das tarefas da maternidade. Porém, com os desapontamentos políticos, Platão renegou algumas dessas teorias igualitárias. Mesmo assim, perseverou numa opinião: o Estado incapaz de instruir as mulheres equivale a um indivíduo que só treina seu braço direito. Pesquisas mostram que no Brasil as mulheres são escolhidas para a maior parte das novas vagas. Coincidentemente, elas têm se preocupado mais do que os homens com a instrução.

Vale aqui um aprofundamento e um contraponto nessa discussão sobre aptidões naturais e capacidades. Simone de Beauvoir, companheira de Sartre e ardente feminista, marcou o século passado com uma profunda reflexão sobre a natureza da mulher e seu papel na sociedade. A escritora afirmava não existir uma "natureza feminina" ou uma "natureza masculina" eternas. Afinal, sempre se acreditou que o homem tivesse uma vocação à transcendência, isto é, uma inclinação desbravadora, pela procura de novos e distantes horizontes. A mulher, ao contrário, seria vocacionada à imanência, de modo que teria como destino certa imobilidade, a inclinação a perseverar na repetitiva faina doméstica. Simone refutava veementemente essa crença. No seu livro *O Segundo Sexo*, de 1949, diz que a cultura vigente tinha o homem como único sujeito. As mulheres seriam, portanto, seus objetos. Mas os homens não seriam os únicos vilões nessa história. A repressão seria exercida pelas próprias mulheres ao não assumirem a responsabilidade por seus próprios destinos. Na verdade, a escritora não tem por meta rejeitar habilidades femininas específicas, mas defender a noção de plena capacidade, a universalização de direitos e a democratização das oportunidades.

O PRECONCEITO PELA EXALTAÇÃO

De certa forma, o pensamento da *intelligentsia* brasileira foi, até recentemente, conservador e exclusivista no tocante à participação da mulher na política e na economia. Há pouco mais de cem anos, o jurista Viveiros de Castro, influenciado pelos estudos do médico vienense Krafft-Ebing, afirmava que a vida moderna incitava a uma perigosa emancipação da mulher e à pulverização dos bons costumes. Em suma, segundo ele, a fábrica havia assassinado a família.

Num país cujo lema, essencialmente positivista, é "Ordem e Progresso", nota-se também enorme influência de concepções como a de Augusto Comte. O positivismo disseminou o mito da inferioridade biológica da mulher. Assim, valorizou-se um universo de restrições, com a divinização da "Mãe" e a elevação do lar ao status de santuário feminino. Os positivistas sacralizaram a mulher a ponto de anulá-la como ser social. Pregavam, por exemplo, a educação em classes separadas, com pedagogias supostamente apropriadas a cada um dos sexos. Para muitas feministas, essa divinização da mulher não passava de hipocrisia. Essa construção intelectual de conceitos levou muitas feministas a considerarem as ciências tradicionais como redutos do racionalismo masculino e sexista. Seriam formas de pensar que sempre enfatizam superioridades, medidas e separações. Na verdade, essa visão racional favoreceria a técnica e desvalorizaria a imaginação e a criatividade. Em suma, valorizaria os ícones masculinos em detrimento dos femininos. Enfim, voltamos à questão da percepção, colocada no início deste livro. Será que o mundo é mesmo do que jeito que o percebemos?

A luta pela emancipação feminina tem vivido glórias e fracassos, avanços e retrocessos. Não há uma curva ascensional permanente. Vale mais um exemplo. Em 1787, o iluminista Condorcet publica um artigo em que defende a igualdade de direitos para homens e mulheres. Num clima de harmonia entre os sexos, muitas mulheres participam da Revolução Francesa, em 1789. Elas formam grupos de discussão política e lideram os protestos de rua que levam o rei a abandonar Versalhes. Terminada a agitação, no entanto, as regras machistas voltam a vigorar. Em 1791, a escritora Marie Olympe de Gouges publica a *Declaração dos direitos da mulher*. Segundo ela, a *Declaração dos direitos do homem e do cidadão* não tinha dado a justa atenção às mulheres. Infelizmente, Marie Olympe foi decapitada dois anos depois, acusada de criticar os líderes revolucionários e praticar a subversão. Nessa época, os direitos políticos das mulheres são mais uma vez radicalmente restritos.

A organização política das mulheres é colocada à prova com o início dos primeiros movimentos sufragistas, no século XIX. As feministas, sobretudo britânicas e norte-americanas, iniciam o século XX levando tomatadas nas passeatas que realizam em vários países. As campanhas, no entanto, acabam surtindo efeito. Nova Zelândia, Finlândia e Noruega são os primeiros países a conceder o direito de voto às mulheres. Em 1917, o exemplo é seguido pela União Soviética. Em 1918, é a vez da Inglaterra. Dois anos depois, dos Estados Unidos. No Brasil, as mulheres votam pela primeira vez em 1933 e a médica Carlota Pereira de Queirós é eleita para a Assembléia Constituinte por São Paulo.

EXCELÊNCIA COMPROVADA NO CAMPO DO TRABALHO

Nos dias atuais, há belos exemplos da competência feminina em postos de direção nas grandes empresas. Em todas elas, vejo capacidades singulares, como a de trabalhar com a simultaneidade, de executar com qualidade muitas tarefas ao mesmo tempo. Esse me parece um traço bem feminino. Nós, homens, tendemos a focalizar o interesse e a fracassar quando as frentes de trabalho são variadas. Além disso, essas mulheres mostram enorme capacidade para finalizar atividades, para concluir satisfatoriamente seus projetos. Nos homens, vejo exatamente o contrário. Há uma dificuldade enorme em definir o lance, em tocar para o gol, em manter até o fim o ímpeto e a motivação existentes no início dos projetos.

Recordo-me de uma palestra de Tom Peters, em 2000. Perguntaram-lhe: "Se o senhor tivesse uma grande empresa e fosse se aposentar, o que faria?" Sem titubear, ele respondeu que contrataria para o mais alto cargo executivo uma mulher dinâmica e inteligente, recrutada em uma boa escola. Em seguida, selecionaria 100 jovens talentosos, já familiarizados com os instrumentos e ambientes da era digital, e os colocaria sob as ordens dessa líder. Segundo ele, essa seria a fórmula ideal para garantir a longevidade da empresa, com elevados padrões de qualidade e competitividade. Exageros à parte, concordo que a proposta de Peters aponta para modelos corretos de reinvenção das organizações. As mulheres, sem dúvida, têm se adaptado mais rapidamente a essa realidade competitiva dos novos tempos.

VIDA PROFISSIONAL × VIDA PRIVADA

Diria que há alguns cuidados a serem tomados nesse processo de integração plena da mulher ao trabalho. Estudos mostram que o entusiasmo pelo trabalho pode, por vezes, se transformar em obsessão, ou em uma busca patológica de poder e dinheiro. Nesses casos, especialmente quando existe uma concorrência desleal por parte dos homens, o autoritarismo e a impulsividade podem se tornar as marcas da conduta profissional. Em alguns casos, há também a dificuldade em conciliar o sucesso profissional com a vida familiar, especialmente em razão do tempo dedicado à empresa. Outra precaução necessária deve ser a definição de justas medidas de aproximação com os colegas, especialmente os subordinados. O Ministro do Supremo Tribunal Federal, Sepúlveda Pertence, tem uma frase antológica, cabível aqui: "A intimidade é inimiga da independência." Portanto, acredito que se deva buscar uma posição de contato estratégica: próxima, a ponto de criar confianças e maximizar o potencial da equipe; distante, a ponto de garantir o devido respeito e preservar a autonomia.

Em seu livro *Homens são de Marte, mulheres são de Vênus*, John Gray aponta as enormes diferenças de linguagem que separam o mundo masculino do mundo feminino. Portanto, será importante que homens e mulheres possam dividir um léxico comum. Quando falo de linguagem, não me refiro à gramática, mas aos códigos utilizados para expressar emoções e sentimentos. Homens e mulheres dizem as mesmas coisas de maneiras diferentes. Homens e mulheres dizem coisas diferentes da mesma maneira. Complicado? Sim, mas a natureza nos fez assim, nessa estimulante diversidade. "Do mesmo modo que um homem se satisfaz solucionando os intrincados detalhes de um problema, uma mulher se satisfaz conversando sobre os detalhes de seu problema", escreve Gray. Segundo ele, deve-se saber que as mulheres muitas vezes não esperam que os homens resolvam seus problemas. Querem apenas ser ouvidas.

No caso das empresas, acredito que a contratação de mulheres não deva obedecer a uma conveniência ornamental, propagandística ou bajulatória. Também não trato aqui da concessão de privilégios a minorias e a grupos historicamente discriminados. Ao recrutar mulheres, membros de diversas etnias, deficientes físicos e integrantes da Melhor Idade, as empresas se tornam mais parecidas com seus mercados consumidores. Dessa forma, as organizações podem reconhecer melhor seus clientes e descobrir suas necessidades e reivindicações. Dessa forma, os programas de diversidade são, acima de tudo, estratégias que permitem o refinamento de produtos e serviços e tornam as empresas mais competitivas.

Enfim, não gostaria que este capítulo infundisse temor e desconfiança nos homens. Ao contrário. A vida profissional compartilhada com as mulheres tem se revelado mais ativa, mais colorida e mais interessante. Esse intercâmbio de conhecimentos e sensibilidades é mais proveitoso para ambas as partes. Troca-se razão por criatividade, matemática por poesia, disciplina por afetividade. E vice-versa. Reafirmo a necessidade de aprendizado permanente; e as mulheres são boas professoras por natureza. Enfim, diria que não importa o sexo ou a opção sexual. Quem aspira a uma carreira de sucesso tem que assumir, de agora em diante, um perfil mais feminino. E este conselho vale também para as mulheres que ainda não descobriram suas próprias virtudes.

CAPÍTULO 7

AÇÃO SOCIAL – CARREIRA NA SOLIDARIEDADE

NESSES NOVOS TEMPOS DE EXAGERADA competição, você certamente poderá suspeitar de que vive num mundo de hostilidades, desumano, egoísta e cínico. Muitas vezes, você terá razão. O ambiente de disputa permanente entre as empresas tende realmente a endurecer algumas pessoas, a tirar-lhes o espírito de solidariedade, como se essa virtude fosse incompatível com o mundo do trabalho. Em uma época de individualismos extremados, o engajamento profissional pode ser confundido com um jogo selvagem, no qual todos os outros devem ser vistos como adversários ou mesmo inimigos. A manifestação dessa síndrome é hoje comum no universo dos executivos, mas também se faz ver entre médicos, vendedores de coco verde e catadores de papel. De certa forma, num corte longitudinal, podemos ver que diversos atores da malha social estão envolvidos na ensandecida luta por cargos, mercados e lucros. Muitos parecem doentes, apartados do mundo real. E que enfermidade seria esta que tem como sintomas a avareza, a irritação permanente, a incredulidade e a insegurança?

Entre os especialistas em Psicologia do Trabalho, há distintas opiniões sobre esses estados mórbidos de dependência das atividades profissionais e de transferência de comportamentos competitivos para a vida pessoal. No entanto, não há dúvida de que o estresse e o esgotamento podem anuviar a razão e induzir à adoção de atitudes incompatíveis com a formação religiosa, moral e ética do indivíduo. Já se disse que o trabalho não mata ninguém. Concordo. Mas até que ponto o trabalho é ainda ferramenta e energia da prosperidade, realização pessoal e justo meio de sobrevivência? Até onde se estende o universo do trabalho? E onde começa o território da obsessão? Eu diria que o importante é ser feliz. Diria que ainda mais importante é fazer feliz aqueles que amamos. Se o trabalho já não tem esse objetivo último, é sinal evidente de que algo está errado. É indício de que algum equívoco distorceu nossas estratégias e nos distanciou das verdadeiras metas.

Digo essas coisas sem buscar alarde. Digo para sugerir uma reflexão sobre o sentido da vida nos tempos atuais e a finalidade do trabalho. Será que você já se fez a crucial pergunta: "por que é que eu trabalho?" Infelizmente, para muitos, o único motivo é garantir o sustento mínimo, a comida no prato e um teto sobre a cabeça. Para essa maioria, não há qualquer prazer no trabalho e tudo se desenvolve com um longo calvário cotidiano, em ações repetitivas e desagradáveis. Mas o objetivo não deveria resumir-se ao atendimento das necessidades básicas. Lutamos também por segurança, reconhecimento, elevação da auto-estima e pelo prazer de usar a criatividade para transformar o mundo. Procuramos, por fim, a auto-realização. Devo dizer que, muitas vezes, as funções do dia-a-dia não são capazes de nos oferecer esses prêmios e deleites, mesmo no caso de carreiras extremamente bem-sucedidas. Desse modo, fica a pergunta: o que mais se pode fazer na busca dessa alegria difusa e mal definida?

DEDICAÇÃO E ALTRUÍSMO

Logicamente, este não é um capítulo sobre terapia ocupacional, mas é certo que muitas pessoas encontram essa realização no voluntariado e também na participação em ações do Terceiro Setor. São entidades sem fins lucrativos e não-governamentais dirigidas para a produção de bens e serviços de interesse público. Atuam em áreas como educação, saúde, preservação ambiental, cultura, atenção à criança e ao idoso. O Primeiro Setor é aquele das atividades geridas e sustentadas pelo Estado. O Segundo Setor engloba todas as ações da iniciativa privada, destinadas à produção e à obtenção do lucro.

Seria incorreto e reprovável qualificar as atividades do Terceiro Setor como antídotos para executivos mal-adaptados a seus cargos ou ricos demais a ponto de sentir peso na consciência. Nada disso. Afirmo apenas que o trabalho deve ser, em suas diversas facetas, um meio de multiplicar as potencialidades do homem e fazê-lo satisfeito consigo mesmo. E nos tempos atuais, a adesão a projetos de transformação social é caminho aberto para fazer florescer no indivíduo seus mais nobres sentimentos e revelar suas mais fantásticas habilidades. Enfim, afirmo que o profissional engajado na construção de um mundo mais justo e harmônico exercita o que há de melhor em seu cérebro e em seu espírito. Certamente, esse compromisso abre novos horizontes de interpretação da realidade, aguça a percepção e, normalmente, extingue fanatismos e obsessões.

Na verdade, é importante que se veja o "outro" por vários prismas. João pode ser circunstancialmente um cliente ou consumidor. Pode ser um fornecedor ou um subordinado. Mas antes de tudo é sempre um cidadão. Os direitos de quem consome, por exemplo, são antes de tudo direitos da cidadania. Relembre que nossos sistemas de controle de qualidade não visam a evitar problemas com o Procon, mas respeitar os direitos do cidadão que, num dado momento, transforma-se em comprador de nossos produtos. O que se precisa compreender é que cada pessoa carrega um invisível valor intrínseco e natural, impossível de ser calculado pelas regras do mercado. Trata-se de algo que não pode ser mensurado pelo poder aquisitivo, pela aparência ou pela autoridade formal. O entendimento dessa impalpável dimensão do humano permitirá formas mais elevadas de integração com os diversos grupos dos quais fazemos parte, da equipe de trabalho e parceiros comerciais aos amigos e à família. Essa constatação pode parecer óbvia, mas muitos profissionais tecnicamente competentes acabam perdendo, sem querer, a capacidade de reconhecer essa face da realidade.

Proponho aqui uma experiência. Feche os olhos por 10 segundos e, nesse período, medite para responder sinceramente a esta pergunta: "será que você tem dado à sociedade tudo o que pode?" Normalmente, a resposta honesta é um "não". Infelizmente, vivemos numa sociedade contaminada pelo vírus da autocomplacência. Não perdemos uma chance de reclamar das coisas, de culpar os outros. Dialogando com nossos botões, nos julgamos vítimas de chefes despóticos, colegas invejosos, cônjuges insensíveis, vizinhos sem educação e governantes corruptos. Jamais imaginamos que, para os outros, muitas vezes representamos esses mesmos personagens. Além disso, das nossas faltas, tendemos a nos absolver facilmente. Somos, por natureza, auto-indulgentes. E tingir de cores vivas a maldade alheia ajuda a justificar nossa imobilidade, nossa omissão.

Então, depois do alerta, que se discuta uma alternativa a essa situação de letargia. Não somente nos países pobres e emergentes, mas também nos países ricos, é cada vez maior o número de empresas e entidades que se dedicam a causas sociais. Nesse caso, o lucro não é medido pela variação positiva de ativos financeiros e aumento do patrimônio, mas pela quantidade de pessoas alfabetizadas, pela melhoria das condições de saúde, pelo número de vegetais e animais salvos da extinção, pelo comprimento do sorriso nos rostos das crianças bem nutridas. Trata-se da atividade das Organizações Não-Governamentais (ONGs), Institutos, Associações, Fundações e setores de voluntariado das empresas.

Hoje, o termo filantropia não goza de boa reputação. Remete a uma noção ultrapassada de ação social, mais ligada ao assistencialismo e à cultura da esmola. O investidor George Soros afirma que a filantropia está cheia de paradoxos. "Não raro, as pessoas praticam a filantropia por desejarem sentir-se bem, não por pretenderem fazer o bem", afirma. De fato, a nova ação social não se resume à simples doação de verbas, bens ou suprimentos. O que vale nesse tipo de trabalho é o esforço pela mudança nas condições estruturais de subsistência das comunidades. Se as ações filantrópicas tradicionalmente permitem matar temporariamente a fome de um grupo afligido pela seca, as atividades de promoção duradoura permitem o desenvolvimento e utilização de novas técnicas agrícolas, adaptadas às singularidades locais. De certa forma, esse novo tipo de auxílio permite capacitar pessoas e grupos, de forma a autonomizá-los e incluí-los no processo produtivo.

É certo que a roda da globalização, em sua velocidade, vai deixando um rastro de perplexidade em suas rotas. Num mundo de desigualdades e desequilíbrios, muitos ainda são incapazes de se integrar aos novos mecanismos competitivos, nos quais a garantia de uma vida digna depende de conhecimentos especializados. São os excluídos. O Brasil, com a segunda pior distribuição de renda do planeta, é perfeito exemplo dessas contradições.

Qualificação para eliminar desigualdades

Nesse universo de contrastes, os com-educação, com-emprego, com-renda e com-futuro acabam ironicamente se tornando membros da assustada comunidade dos sem-tranqüilidade, ilhados em exíguos territórios de prosperidade, freqüentemente invadidos por perigosas gangues de excluídos. Blindar automóveis, eletrificar cercas e contratar seguranças não garante imunidade a ninguém. Na verdade, apenas exacerba a sensação de fragilidade e isolamento. Se você ganha mais que R$500 por mês já faz parte de um grupo de risco: o dos seqüestráveis. Logicamente, nem toda a criminalidade é resultado de desigualdades sociais. Os meliantes de colarinho-branco são prova disso. Mas é inegável que bons projetos educacionais, serviços de atendimento à saúde e programas de capacitação profissional são decisivos para reduzir drasticamente a violência.

Acredito que trabalhadores qualificados têm muito a contribuir com essas iniciativas de inclusão social. A prática no setor privado, por exemplo, pode ser valiosa na criação de formas eficientes de gestão nas entidades sem fins lucrativos. Tradicionalmente, os voluntários dessas associações eram movidos por ideologias ou por convicções políticas e religiosas. Assim, nem sempre tinham competência técnica para obter recursos e aplicá-los da maneira mais apropriada. No Brasil, particularmente a partir da década de 1990, muitos empresários e trabalhadores qualificados passaram a assumir funções consultivas e até mesmo executivas em projetos de cunho social. Alguns prestam serviços nas horas vagas. Outros, passaram a se dedicar integralmente a essas atividades. Hoje, as ONGs procuram sobretudo por administradores de empresas, psicólogos, contadores, pedagogos, economistas, jornalistas, advogados e publicitários. Na verdade, a natureza do trabalho desses profissionais não muda muito no Terceiro Setor. O que muda é o objetivo. Não se abdica da competência, mas as metas assumem novos contornos.

Os processos de trabalho são semelhantes, mas os resultados apresentam características diferentes.

Pode-se dizer que o trabalho em uma ONG cada vez menos admite improvisação. Ajudar crianças deficientes, com certeza, exige dedicação espartana de médicos, fisioterapeutas, psicólogos e educadores. Mas também exige seriedade de quem faz propaganda de campanhas de doação, de quem contabiliza os recursos obtidos e de quem os aplica. Como na empresa privada, existem estratégias, metas e prazos. Isso quer dizer que até mesmo "passar o chapéu" depende agora de esforço concentrado e habilidades específicas. E perceba que a capacidade desses agentes será fundamental para manter a credibilidade da instituição. Quem ajudaria uma creche que torra seus recursos no leite mais caro e de pior qualidade? Pode parecer estranho, mas até nessa área existe competição. As entidades com gestões mais transparentes e mais "produtivas" serão capazes de receber um volume maior de contribuições.

Responsabilidade da sociedade civil

Numa época de Estados nacionais enfraquecidos e endividados, com suas receitas comprometidas especialmente com o funcionalismo, é cada vez maior o repasse à sociedade de tarefas de promoção e assistência. Eu diria que mesmo estruturas governamentais com boas dotações orçamentárias tendem a dispersar recursos e desviá-los das metas prioritárias. Jogos de poder, inoperância da máquina pública e má-fé de alguns políticos contribuem para o fracasso de muitos projetos estatais de assistência. Pessoalmente, acredito que a sociedade civil organizada está muito mais apta a transformar a realidade do que os governos constituídos. Além disso, é fato que os grupos auxiliados são normalmente indistintos aos olhos do parlamentar e dos mandatários. Executam os projetos por força de lei ou por compromissos eleitorais. Mesmo os políticos bem intencionados – e eles ainda existem – acabam por atuar no escuro da indiferenciação. Em geral, não conhecem as pessoas que são alvos de seus programas. No caso do voluntário, ao contrário, existe sempre uma relação afetiva e familiar com a comunidade assistida. Esse agente social sabe exatamente do que ela necessita.

Enfim, acredito que mudanças radicais na situação brasileira dependem hoje de iniciativas geradas fora dos círculos de poder e acredito fundamentalmente nos voluntários como agentes de transformação, de modo especial quando amparados por grupos empresariais. Suas experiências no meio corporativo podem freqüentemente contribuir para dar pilares mais sólidos aos sistemas de gestão da entidade auxiliada. Esses agentes podem ainda gerar e implantar programas de comunicação e de planejamento estratégico, também fundamentais para fortalecer as iniciativas de cunho social. O setor privado pode ainda contribuir com a oferta de sistemas informatizados de administração dos recursos e com projetos de formação técnica de lideranças. Para muitos empresários, emprestar esse conhecimento é motivo de enorme satisfação. Trata-se de um tipo de justa retribuição. Se a sociedade permitiu a um empresário crescer e prosperar, o que impediria esse profissional de compensá-la com a promoção dos excluídos?

Inventários da ação social

De acordo com o Instituto de Pesquisa Econômica Aplicada, mais de 50% das empresas brasileiras tomam parte em alguma modalidade de ação social. A institucionalização desse tipo de compromisso se consolida a cada dia por meio dos balanços sociais. Normalmente, o documento se inicia com uma apresentação dos objetivos econômicos e mercadológicos da empresa, colocados num contexto de harmonização com metas sociais e ambientais. A corporação mostra sua contribuição ao crescimento econômico e ao desenvolvimento do setor produtivo. Ao mesmo tempo, prova que essas ações obedecem a critérios de responsabilidade social. O balanço social normalmente se divide na descrição de projetos internos e externos.

No plano interno, destaca-se a gestão de pessoas. Merecem destaque os cuidados com as condições de trabalho, os planos de medicina preventiva e de segurança, o investimento em sistemas de educação e reciclagem constante dos funcionários. Além disso, relatam-se as experiências no sentido de se admitir e valorizar a diversidade étnica e cultural no ambiente produtivo. A empresa socialmente responsável está atenta, por exemplo, ao valor do trabalho feminino e de deficientes físicos. Reconhece também a capacidade de funcionários com mais de 45 anos, remunera adequadamente, promove os que merecem e preocupa-se em diminuir a rotatividade de mão-de-obra. Acredita-se que essa gestão de pessoal inclua as famílias dos funcionários e as ações para que estejam inseridas num processo integrado de desenvolvimento econômico e social.

No plano externo, a empresa socialmente responsável polui menos, recicla mais e ainda assim satisfaz a seus clientes com produtos de ótima qualidade. O balanço social mostra ainda os investimentos em parcerias com entidades, em voluntariado e em programas sociais próprios. São descritos os processos de integração com as comunidades vizinhas. Mencionam-se as políticas de interesse público e a prevenção de práticas ligadas à corrupção e ao tráfico de influências. O balanço social resulta num choque de realidade. Muitas vezes, a elaboração do documento serve para evidenciar falhas e mostrar que procedimentos devem ser corrigidos.

No futuro, não restará espaço para empresas que utilizem mão-de-obra infantil, que burlem o fisco, que ignorem a comunidade, que promovam discriminação de qualquer modalidade ou que não tenham uma gestão eficiente de minimização de impactos ambientais. Suas marcas tendem a ser desprestigiadas por um público consumidor cada vez mais exigente e politicamente consciente. Ao contrário, as que aderirem a causas sociais e ambientais tendem a angariar simpatias e ampliar seus mercados.

CONCLUSÃO

PROFISSIONAIS DO SÉCULO XXI – REINVENTANDO VOCÊ

INDEPENDENTEMENTE DE TUDO o que esperam de nós como profissionais globalizados, educados e "digitalizados", jamais abdique da busca do prazer. A satisfação de viver reside sobretudo na aventura de perseguir o sonho. Reitero: o trabalho, por ser dignificante, não precisa representar um calvário, um castigo. Há uma filosofia de equívoco que só valoriza a atividade vinculada à fadiga e ao sofrimento. Para esses, o dinheiro só é merecido quando proveniente de faina pesada, desagradável e incapaz de propiciar alegria. Ora, que grande engano.

Se o trabalho é motivo de gozo e contentamento, de diversão e aprendizado, tanto melhor. Infelizmente, são poucos os homens e mulheres que podem aliar realização pessoal e profissional. Poucos são os que fazem aquilo que realmente lhes eleva o espírito. Portanto, jamais se sinta culpado por curtir a atividade profissional, por usá-la como fio dourado da malha da vida.

Sugiro ainda que pense de forma diferente na competição. Reflita melhor sobre os conceitos de "vencedor" e "perdedor". Ao menos, tente redefini-los. O verdadeiro valor está na condução do processo, na honestidade de propósitos, no desejo real de tentar realizar suas tarefas da melhor maneira possível. Perceba que nem sempre o "melhor" é o chefe, o dono da autoridade. Muitas vezes, a força motriz de um projeto está em pessoas que passam despercebidas na equipe. Talvez esses anônimos é que sejam os verdadeiros vencedores.

Se você é um desses não vistos, não notados, não premiados, não desista, não se renda. Certamente há um problema de marketing pessoal ou de insensibilidade dos superiores. Nesse caso, além de modificar as estratégias de comunicação e exposição, o importante é que se mantenha a contribuição criativa e construtiva. No caso dos executivos, me parece equivocado sonegar o elogio a quem o merece. Esse tipo de reconhecimento não desmobiliza, mas funciona como um poderoso incentivo, um revigorante, um elixir.

Estão expostos os problemas. De certa forma, não existe uma fórmula perfeita para se obter satisfação plena no mundo do trabalho. Assim, não há um guia infalível para se conseguir harmonia no casamento. Portanto, o importante é perceber que o mundo é composto de singularidades. Essa repartição pública é assim, aquela outra é totalmente diferente. Numa delas há um Santo Expedito na parede, na outra uma figura de Iemanjá. Numa empresa a conversa é estímulo criativo, noutra é considerada ruído ou motivo de dispersão. Portanto, caberá a cada um adaptar-se ao ambiente ou, quem sabe, modificá-lo. Os mais competentes são aqueles capazes de compreender os métodos vigentes, avaliar suas eficácias e transformá-los de acordo com as urgências e novos paradigmas da máquina produtiva. Por isso, perceba a conveniência de sugerir em vez de contestar.

Note também que se deve buscar um equilíbrio entre competição e cooperação. Competir tem sido um termo confundido com fraudar, burlar e prejudicar o outro. Os reality-shows da televisão, que mostram pessoas confinadas em "situação-limite", exibem intrigas, complôs e discussões acaloradas. A disputa, por natureza, é saudável, mas pode ser destrutiva. Quem não se lembra de *Amadeus*, o formidável filme de Milos Forman que narra a competição entre o talentoso Mozart e o invejoso Salieri? O segundo também tinha suas virtudes, mas acabou mergulhando no escuro poço do ciúme doentio, de modo a perder os escrúpulos e a satisfação com a música. Vale aqui um alerta: segundo muitos historiadores, a rivalidade entre os dois artistas não passa de um mito. Enfim, competir nos energiza e potencializa nossas habilidades. É um meio de conhecermos nossas capacidades inatas e também nossas vulnerabilidades. No entanto, também inspira vilanias em pessoas aparentemente justas e inofensivas.

Depois de décadas de trabalho, posso dizer que o trabalho é uma forma possível de realização. Momentos de aflição e dúvida certamente marcarão a jornada, mas não há como evitá-los. A sabedoria consiste em reconhecê-los e fazer desse aprendizado um instrumento de alavancagem da carreira. Os momentos críticos, em que o caos parece se instalar, são propícios à memorização de boas soluções. Se não se ganhou aparentemente nada, ganhou-se experiência. A travessia será pontuada por tempestades, mas servirá para ensinar novos métodos de navegação.

Entenda que poucos serão capazes de se empregar naquilo que só produz satisfação. Jogar bola e ainda ganhar rios de dinheiro me soa como uma ficção. Cantar e construir uma fortuna a partir desse gozo também me parece uma dádiva ímpar. Mas note que o cidadão "normal" também pode ser feliz: ao montar uma boa aula, ao criar um eficaz plano de marketing, ao constituir uma boa carteira de comércio, ao obturar um dente, ao vender a casa certa para a pessoa certa, ao programar um computador, ao estabelecer um acordo comercial internacional. Volto ao exemplo do artista. Ele é absorvido pela execução do trabalho e, naquele momento, encontra a transcendência. Ao pintar "Guernica", Picasso provavelmente não pensava no sucesso, no prestígio que ganharia com a obra. Vivia a plenitude dos sentidos no ato da composição, durante a jornada. "Um quadro muda enquanto está sendo feito. Muda como os pensamentos de uma pessoa", dizia, mostrando toda a riqueza do processo criativo. Portanto, quem não estiver interessado no trabalho, mas somente em seus frutos, pode se considerar perdido. A este restará sempre a frustração.

Assim, acredito que a competição possa, paradoxalmente, estreitar laços entre as pessoas. Competir pode ser uma maneira menos convencional de intercambiar idéias e opiniões. Pode ser um modo de aprender por meio da exposição dos talentos do outro. O melhor exemplo disso pode ser a escolha dos sambas-enredo das associações carnavalescas. Cada compositor tenta expressar da melhor maneira o enredo. Pesquisam, testam melodias, mantêm contatos estreitos com o carnavalesco, com os ritmistas e com a comunidade. Pela concorrência, tentam realizar o melhor trabalho possível. Depois, há a escolha. E o "vencedor" passa a catalisar cooperações.

Os exemplos do samba servem para a vida nas empresas. O profissional precisa sempre se reinventar. Imagine a Mangueira ou a Vai-Vai repetindo as mesmas alegorias e adereços ano após ano. Nem pensar, mesmo que fossem deslumbrantes. O sucesso depende, portanto, de recriação permanente. Uma escola luxuosa como a Beija-Flor vê-se obrigada a renovar a cada ano, a reflorescer, a reconquistar seu público, a estabelecer um novo ciclo de qualidade. Outra necessidade é a de se gerir competentemente a mudança. Não basta ter novas idéias. O importante é se administrar a materialização dos novos conceitos. Se um novo carro alegórico é concebido, cabe encontrar os materiais adequados para sua confecção, cabe selecionar os profissionais competentes para montá-lo no prazo exigido. O Carnaval não pode ser adiado porque um dragão de isopor não ficou pronto. Um terceiro imperativo é que cada profissional esteja focado na geração de valor. Um mestre de bateria, por exemplo, credencia-se ao capacitar seus ritmistas, ao exigir afinação dos instrumentos, ao adaptar a batida ao samba, ao treinar adequadamente o deslocamento para o recuo. Quando assim atua, gera valores para a comunidade e para seu "cliente", o espectador. Nos dias de hoje, todos devem entender que o benefício final do trabalho tem vários destinos: acionistas, patrocinadores, funcionários, clientes e sociedade. Ainda que seja no reinado de Momo, a atividade produtiva tem como objetivo atender às legítimas aspirações de todos esses segmentos.

Para que esses objetivos sejam alcançados é necessário um plano. O acaso não costuma ser bom planejador. No caso do profissional, refiro-me ao projeto de carreira, para que não ande em círculos, para que não exista regressão. O mercado, sem dúvida, busca essas pessoas, capazes de intuir e transformar. Procura profissionais bem informados, sintonizados no canal da mudança. Mas não basta ter visão. É importante saber implementar o que se concebe na imaginação. Que mérito teria o navegador Amyr Klink se apenas planejasse suas façanhas e não as vivesse na prática? Que prestígio teria se naufragasse sob a primeira onda gigante? Posso dizer que o trinômio da competitividade tem como pilares a informação, a visão e a ação.

Mas tudo isso perde o sentido se nos distanciamos dos quatro referenciais básicos para uma trajetória de sucesso. O primeiro deles é a família. Conheço pessoas que em nome das longas horas dedicadas à empresa e aos negócios destruíram seus lares. Nesses casos, logo no momento seguinte, vem o arrependimento. Não quero ser dublê de pastor e fazer pregação moral ou defesa de bons costumes. Não creio, por exemplo, que casamentos falidos devam ser preservados por conveniência social ou por manutenção da imagem. Mas acredito que somos todos "portos" e "embarcações". Normalmente, nas organizações, funcionamos mais como portos. Os barcos – chefes, subordinados, fornecedores e clientes – atracam em nosso cais. À noite, contudo, vamos para casa como embarcações. Tudo a que aspiramos é uma baía tranqüila, um porto seguro para ancorar. Esse espaço de sossego é nossa casa, onde vivem aqueles que mais amamos. Buscamos o sorriso dos filhos. No final da noite, nos apraz beijar o rosto da criança já dormindo, ver se está bem coberta e protegida.

Em nome de uma dedicação que se confunde com fanatismo e obsessão, as pessoas estão descartando suas famílias. Há certo apreço não assumido por um egoísmo patológico. Mas creio que o sucesso no trabalho não se sustenta sem o sucesso em casa. E talvez o inverso também seja verdadeiro. Atribulações e frustrações no trabalho podem triturar relacionamentos amorosos e degradar a relação entre pais e filhos. O importante, novamente, é buscar-se um equilíbrio, em que cada inserção possa alimentar a outra. O cidadão é globalizado, mas depende do núcleo familiar para se regenerar a cada dia. Necessita cultivar suas raízes para absorver a seiva dos afetos que lhe são próprios. Precisa revisitar o útero para saber quem é e o que representa neste mundo. Como canta Caetano Veloso, em seu clássico *Cajuína*: "Existirmos, a que será que se destina?"

O segundo ponto a ser destacado é o das amizades. Pergunto: o que adianta ter sucesso se não há para quem contar? É a anedota do sujeito que encontra a Sharon Stone numa ilha deserta e enceta um *affair* amoroso. Ele se entusiasma com a situação, mas percebe que está sozinho e não tem colega algum para relatar a aventura. De que adianta meu sucesso na empresa se me desfiz de meus amigos? E resta ainda um desafio cruel: identificar a autenticidade da amizade. Nada afasta mais amigos que o sucesso.

Também se faz necessário um cuidado maior com o corpo. Em ambientes de estresse permanente, em cidades poluídas, onde toda a comida tem corantes e conservantes, onde o ruído impera vinte e quatro horas por dia, onde o sexo é embalado e os mosquitos são tão perigosos quanto projéteis de armas de fogo, é preciso uma estratégia de manutenção da saúde mental e corporal. Não digo que se deva deixar de comer a suculenta picanha. Ninguém precisa fugir da cerveja do sábado à tarde e nem do amendoim de estádio. Mas será que podemos prescindir de uma caminhada diária, de fixar dietas equilibradas para o dia-a-dia, de realizar check-ups regulares? Creio que não, definitivamente. Além disso, devemos atenção especial à saúde espiritual. Urge que voltemos a meditar. E todas as religiões oferecem métodos para isso. A oração nos transporta a esse refúgio da mente, no qual podemos revisitar nossos atos e nos reconciliar com o cosmo. Na aplicação dessa profilaxia vale a contemplação da natureza. O mar varrendo a praia, o alvoroço das gaivotas. Bendita vacina que não custa nada.

Há belos ensinamentos na obra do indiano Deepak Chopra, cujo trabalho analisa as relações entre saúde, educação, negócios e desenvolvimento pessoal. Segundo ele, existe um significado para a vida e todo o conhecimento dele provém. O médico, autor do best-seller *As sete leis espirituais do sucesso*, sustenta que a cura depende da abertura da consciência para as possibilidades de renovação e autoconhecimento. Sigo-o ao acreditar que existe uma íntima conexão entre mente, corpo e espírito, bem como entre o indivíduo e o ambiente.

Não tenho dúvida de que a preservação da saúde dependa de um tácito acordo moral entre o indivíduo e ele mesmo. O equilíbrio depende de trocas justas: doar e receber. O poeta, filósofo e pintor libanês Khalil Gibran, tido como "o profeta", exemplificou muito bem essa relação de solidariedade com a natureza, bem como sua importância para a saúde espiritual. Ele contava aquela magnífica e poética história da flor e da abelha, que me permito aqui reproduzir:

Ide pois aos vossos campos e pomares,
E lá aprendereis que o prazer da abelha é de sugar o mel da flor,
Mas que o prazer da flor é de entregar o mel à abelha.
Pois, para a abelha, uma flor é uma fonte de vida.
E para a flor uma abelha é mensageira do amor.
E para ambas, a abelha e a flor,
Dar e receber o prazer
É uma necessidade e um êxtase.

O quarto elemento desse quadrado é justamente a busca da felicidade, cuja natureza não é bem nítida para a maior parte das pessoas, influenciadas pela publicidade e pelas convenções sociais. Uns se julgam fracos e incapazes de atingi-la, outros não se consideram dela merecedores. Por vezes, identificam nebulosamente esse bem na acumulação do dinheiro, na construção da casa de praia ou na compra de mais um carro importado. Vale perceber que a singularidade da sensação não inclui valor pecuniário. Um menino pequeno sente-se feliz apenas por passear com o pai pelo parque. Um rapaz se considera afortunado de pular na arquibancada durante um Bangu e Corinthians. Uma velha senhora se julga abençoada por ensinar às netas a delicadeza do jogo de amarelinha. Perceba que essas são manifestações diversas da felicidade, mas que ela tem uma unidade, uma essência como a que Platão definiu. Difícil é seduzir esse bem natural a tomar conta de nossas vidas. Depende de nossa perseverança, da qualidade de nossos galanteios, da autenticidade de nossos compromissos.

Em qualquer atividade, deve existir uma estratégia que aproxime o indivíduo desse estado de imperturbabilidade, que propicie esse *religare* com o todo. Einstein dizia: "Cada ser humano é parte do todo, o universo. Devemos nos libertar da ilusão de que vivemos separados." Obter sucesso na carreira equivale a subir um trecho considerável dessa escalada da existência. Sem dúvida, é fundamental ter objetivos definidos. Mas perceba: por vezes os objetivos se modificam no trajeto. Esteja atento para saber se os alvos ainda são válidos, se a magia do sonho está preservada. Num mundo em constante mutação, a própria trajetória altera cotidianamente nossas metas. No caso específico do mundo do trabalho, perceba o que o grilo falante sopra ao seu ouvido. O profissional do século XXI deve privilegiar a qualidade de vida, a natureza ética de sua atividade e sua contribuição aos projetos de uma felicidade coletiva: o sucesso será resultado natural dos esforços nesse sentido. Enfim, inspire-se em Confúcio: "Procure um trabalho do qual você goste e nunca mais você se sentirá trabalhando."

Outros livros do autor

A magia dos grandes negociadores
Editora Campus/Elsevier

A arte da estratégia
Editora Campus/Elsevier

Superdicas para vender e negociar bem
Editora Saraiva

Superdicas para ensinar a aprender
Editora Saraiva (co-autoria)

Planejamento estratégico para líderes de hoje e amanhã
Editora Integrare (co-autoria)

Entre em contato com o autor: **www.carlosjulio.com.br**

Cadastre-se e receba informações sobre nossos lançamentos, novidades e promoções.

Para obter informações sobre lançamentos e novidades da Campus/Elsevier, dentro dos assuntos do seu interesse, basta cadastrar-se no nosso site. É rápido e fácil. Além do catálogo completo on-line, nosso site possui avançado sistema de buscas para consultas, por autor, título ou assunto. Você vai ter acesso às mais importantes publicações sobre Profissional Negócios, Profissional Tecnologia, Universitários, Educação/Referência e Desenvolvimento Pessoal.

Nosso site conta com módulo de segurança de última geração para suas compras.
Tudo ao seu alcance, 24 horas por dia.
Clique **www.campus.com.br** e fique sempre bem informado.

w w w . c a m p u s . c o m . b r

É rápido e fácil. Cadastre-se agora.

Outras maneiras fáceis de receber informações sobre nossos lançamentos e ficar atualizado.

- ligue grátis: **0800-265340** (2ª a 6ª feira, das 8:00 h às 18:30 h)
- preencha o cupom e envie pelos correios (o selo será pago pela editora)
- ou mande um e-mail para: **info@elsevier.com.br**

ELSEVIER — CAMPUS — NEGÓCIO EDITORA — Alegro

Nome: ____________________

Escolaridade: ____________ ❑ Masc ❑ Fem Nasc __/__/__

Endereço residencial: ____________________

Bairro: ________ Cidade: ________ Estado: ________

CEP: ________ Tel.: ________ Fax: ________

Empresa: ____________________

CPF/CNPJ: ____________ e-mail: ____________

Costuma comprar livros através de: ❑ Livrarias ❑ Feiras e eventos ❑ Mala direta ❑ Internet

Sua área de interesse é:

❑ **UNIVERSITÁRIOS**
- ❑ Administração
- ❑ Computação
- ❑ Economia
- ❑ Comunicação
- ❑ Engenharia
- ❑ Estatística
- ❑ Física
- ❑ Turismo
- ❑ Psicologia

❑ **EDUCAÇÃO/ REFERÊNCIA**
- ❑ Idiomas
- ❑ Dicionários
- ❑ Gramáticas
- ❑ Soc. e Política
- ❑ Div. Científica

❑ **PROFISSIONAL**
- ❑ Tecnologia
- ❑ Negócios

❑ **DESENVOLVIMENTO PESSOAL**
- ❑ Educação Familiar
- ❑ Finanças Pessoais
- ❑ Qualidade de Vida
- ❑ Comportamento
- ❑ Motivação

Cartão Resposta
050120048-7/2003-DR/RJ
Elsevier Editora Ltda
...CORREIOS...

ELSEVIER — CAMPUS — NEGÓCIO EDITORA — Alegro

CARTÃO RESPOSTA
Não é necessário selar

O SELO SERÁ PAGO POR
Elsevier Editora Ltda

20299-999 - Rio de Janeiro - RJ

Impressão e acabamento
Imprensa da Fé